DESPIERTA TU CREATIVIDAD

LES CHRISTIE

ESCUCHANDO SÍ EN MEDIO DE UNA MULTITUD DE NO'S

 Vida®

La misión de Editorial Vida es ser la compañía líder en satisfacer las necesidades de las personas con recursos cuyo contenido glorifique al Señor Jesucristo y promueva principios bíblicos.

DESPIERTA TU CREATIVIDAD
Edición en español publicada por
Editorial Vida -2013
Miami, Florida

© 2013 por Les Christie.

Este título también está disponible en formato electrónico.

Originally published in the USA under the title:
Awaken Your Creativity: Hearing Yes in the Midst of a Multitude of No's
Copyright © 2009 by Les Christie.
Published by permission of Zondervan, Grand Rapids, Michigan 49530

Traducción: *Howard Andruejol y Ariel Castillo*
Edición: *Raquel Martínez*
Diseño de interior: *CREATOR studio.net*

RESERVADOS TODOS LOS DERECHOS. A MENOS QUE SE INDIQUE LO CONTRARIO,
EL TEXTO BÍBLICO SE TOMÓ DE LA SANTA BIBLIA NUEVA VERSIÓN INTERNACIONAL.
© 1999 POR BÍBLICA INTERNACIONAL.

ISBN: 978-0-8297-6472-7

CATEGORÍA: Ministerio cristiano / Juventud

IMPRESO EN LOS ESTADOS UNIDOS DE AMÉRICA
PRINTED IN THE UNITED STATES OF AMERICA

13 14 15 16 ❖ 6 5 4 3 2 1

Les pregunté a varios antiguos alumnos de la Universidad William Jessup (anteriormente la Universidad Cristiana de San José) si les importaría respaldar mi libro, y estoy muy agradecido por sus respuestas.

«El nuevo libro de Les es justamente lo que se necesita para sacar al ministerio de la rutina de pensamiento y de la mente cerrada y abrirlo a un mundo de posibilidad. Este libro te mostrará cómo liberar a Dios para que trabaje en y a través de tu vida».
-Nathan L. Cherry, pastor de niños, Iglesia Cristiana Westside, Roseville, California

«Les explica por qué la creatividad importa y cómo cada uno de nosotros ha sido creado para ser creativo. Él también nos da maneras muy prácticas de mantener la creatividad fluyendo en nuestros ministerios».
-Justin Humphreys, pastor de jóvenes, Iglesia Spring Creek Community, Garland, Texas

«*Despierta tu creatividad* encenderá una llama en el corazón de cualquier líder de jóvenes que quiere ser libre de las normas. Oro para que estas páginas te inspiren a ser diferente, así como lo han hecho conmigo. Una lectura obligada para cada pastor o líder de jóvenes que quiera conectarse con sus jóvenes».
-Russ Cantu, pastor de jóvenes, Iglesia Prescott, Modesto, California

«La creatividad es esencial en tu ministerio. Esta nos ayuda a entrelazar nuestro camino a través de los muchos obstáculos que encontramos y nos permite ver nuevas perspectivas dentro de las antiguas formas de trabajar con jóvenes. *Despierta tu creatividad* mejorará tu creatividad interior, refrescará tu entusiasmo para alcanzar y retener a la juventud, y ofrecerá herramientas prácticas en una lectura fácil y divertida».
-Jacqi-Rae Kambish, Iglesia Luterana Saint Timothy, San Jose, California

«El libro de Les es un estímulo para cualquiera que lucha con la creatividad que Dios le dio, ¡especialmente para nosotros, las personas del hemisferio izquierdo! En el ministerio es más fácil encontrar el modelo que mejor funciona y perpetuarlo. Les muestra lo perjudicial que puede ser este pensamiento y cuán importante es aprovechar esa parte de la imagen de Dios llamada creatividad».
-Forrest Thomas, pastor de jóvenes, Iglesia Cristiana Sebastopol, California

DEDICATORIA

Este libro está dedicado a dos de las muchas personas creativas que han influenciado y moldeado mi vida. Ambos siempre me motivaron a hacer preguntas y a ser curioso.

Mi abuelo, Walter Christie, trabajó para 20th Century Fox studios por más de 30 años. Él montaba los decorados para muchas películas y programas de televisión. De niño recuerdo ir al puerto y verlo trabajar por meses en el casco de un barco ballenero, hasta transformarlo en un barco hermoso. Mi abuelo vivió hasta los 96 y pasó algunos de sus últimos años en ese barco.

También quiero reconocer la creatividad de mi padre, Les Arthur Christie, quien sigue siendo fuerte a sus 88. Él fue maquinista y trabajó más de 30 años para la misma compañía, consiguiendo muchas patentes para esa empresa. Si te paseas por la casa de mis padres verás toda clase de inventos eléctricos, aparatos mecánicos, instrumentos musicales y artesanías que él y mi mamá han creado o coleccionado para mejorar sus días y hacer sus vidas más simples. Hoy en día, mis padres no se pierden ninguna venta de garaje, venta informal o mercado callejero.

ÍNDICE

Agradecimientos	10
Introducción	11
1. Eres una persona creativa	13
• Comenzando	17
• Tu cerebro asombroso	19
• Hemisferio izquierdo y hemisferio derecho	24
2. Barreras frente a la creatividad	27
• Perdimos nuestra inocencia	29
• La creatividad fue educada fuera de nosotros	30
• Nuestros miedos nos detienen	33
• No tenemos suficiente...	37
• Malas actitudes	38
3. Estupidez, vacas sagradas y entusiasmo santo	45
• Valora la tradición, pero ten cuidado con las vacas sagradas	49
• No es la edad, sino la actitud	50
• Entusiasmo apasionado	53
4. Diez cualidades de los líderes de jóvenes creativos	57
• Los líderes de jóvenes creativos se conocen a sí mismos	60
• Los líderes de jóvenes creativos reúnen a una diversidad de personas y aprecian los dones de todos	62
• Los líderes de jóvenes creativos hacen muchas preguntas	66
• Los líderes de jóvenes creativos buscan más de una respuesta	69
• Los líderes de jóvenes creativos conocen los tiempos y lugares que fomentan su creatividad	73
• Los líderes de jóvenes creativos revisan sus ideas	74
• Los líderes de jóvenes creativos no tienen miedo de fracasar	76
• A los líderes de jóvenes creativos les encanta reír y divertirse	80
• Los líderes de jóvenes creativos copian y adaptan	83
• Los líderes de jóvenes creativos juntan cosas que no tienen ninguna relación para crear algo nuevo	88

5. Catalizadores de la creatividad — 93
- ¿Cuál es tu motivación? — 95
- Percepción de la creatividad — 96
- Juguemos — 104
- Todo está a tu alrededor — 106
- Algo nuevo todos los días — 108
- ¡El error es creativo! — 111
- Es algo así como... — 113
- En la almohada — 115
- Divina insatisfacción — 118

6. Aprovechando la creatividad de tu equipo — 121
- Hacer que las reuniones importen — 124
- Lluvia de ideas que funciona — 124
- Guiones visualizados — 128
- Fechas límite realistas — 130
- Abogado del diablo — 131
- ¿Qué pasaría si...? — 132
- Círculos que crecen — 133
- Micromovimientos — 134

Conclusión: Viviendo en la luz — 137

Sección adicional: Más ideas creativas que puedes usar inmediatamente en tu ministerio juvenil — 143
- Formas creativas de crear ambientes propicios para el aprendizaje — 146
- Preguntas creativas para investigar cómo perciben los estudiantes a Jesús — 147
- Formas creativas de ayudar a los estudiantes a desarrollarse espiritualmente a través de la incomodidad — 148
- Métodos creativos para comunicar tu mensaje — 149
- Formas creativas de motivar a los adolescentes a aprender — 150
- Formas creativas de conectar a los adolescentes con la iglesia — 151
- Formas creativas de conocer a tus jóvenes — 152
- Cosas creativas que los jóvenes pueden hacer para experimentar la verdad de Dios — 153
- Servicio y proyectos misioneros creativos — 154
- Premios creativos para estudiantes — 156
- Premios creativos para voluntarios adultos — 157
- Idea creativa de oración — 159
- Formas creativas de ayudar a los jóvenes a conectarse — 161
- Lecciones creativas con objetos — 163
- Ubicaciones creativas para el programa de reuniones de jóvenes — 165

- Ideas creativas para la recaudación de fondos en el grupo de jóvenes 167
- Otro enfoque creativo de la recaudación de fondos 170

Bibliografía 172

Créditos 174

AGRADECIMIENTOS

Quiero darle las gracias a Craig McNair Wilson, la primera persona a la que escuché dar una charla sobre la creatividad. Él me inspiró a considerar otras formas de ver los objetos cotidianos.

También quiero dar las gracias a Mike Yaconelli, quien me pidió que contribuyera con su libro *The CORE Realities of Youth Ministry*, específicamente en el capítulo que habla de la creatividad. A lo largo de este libro encontrarás ideas que aparecieron en ese capítulo. Mike fue el primero que me animó a plasmar en papel mis ideas sobre la creatividad.

Quiero expresar mi gratitud a nuestro decano académico en la Universidad William Jessup, David Nystrom, quien animó a toda la facultad a leer *The Medici Effect*. Ese libro despertó mi propio interés en el tema de la creatividad y me impulsó a leer mucho más en relación a la materia.

Quiero darles las gracias a Thom y Joani Schultz del grupo editorial, quienes me pidieron dar un seminario sobre la creatividad en su conferencia nacional. También quiero darle las gracias a David Welch, quien escuchó este seminario y sugirió que presentara este material en las convenciones de Especialidades Juveniles. También estoy agradecido con David y Jay Howver de Especialidades Juveniles por motivarme a escribir este libro.

Estoy muy agradecido por el equipo competente de Especialidades Juveniles/ Zondervan que trabajó en los detalles de este libro. Siempre hay un poco de temor cuando un autor entrega su manuscrito a un grupo de personas que no necesariamente conoce. Me alegró mucho saber que Doug Davidson sería mi editor de nuevo. Confío plenamente en su capacidad para ayudarme a darle forma a mis pensamientos y plasmarlos en papel. Ha sido un placer trabajar con él. También estoy en deuda con Dave Urbanski, director principal de desarrollo, por intervenir en el último momento para ayudar y llevar este libro a la finalización. También estoy agradecido con David Conn por su diseño para la portada del libro, la cual capta la idea que esperaba, y a Mark Novelli por el diseño de las páginas. También me gustaría darle las gracias a Roni Meek, quien ha sido de mucha ayuda a lo largo del proceso de edición.

INTRODUCCIÓN

Escribí este libro con el objetivo de lograr un nuevo entusiasmo en tu vida y ministerio. Espero que lo encuentres divertido y desafíe tu forma de pensar. Mientras lo lees, deseo que descubras lo creativo que eres en realidad.

Despierta tu creatividad te ayudará a descubrir lo que impide la liberación de la creatividad que Dios te dio, y te ayudará a encontrar formas de superar esas barreras. Aprenderás a identificar y eliminar los obstáculos que a menudo nos impiden ser las personas creativas que Dios nos diseñó para ser. Descubrirás las tretas del oficio y los atajos que las personas imaginativas suelen utilizar. Conocerás los catalizadores que desencadenan la inventiva y dominarás las nuevas formas para aprovechar tanto tu propia creatividad como la creatividad de tu equipo y la de otros a tu alrededor.

Algunas veces les pido a los asistentes de mis conferencias y seminarios que me den palabras que describan a alguien que tenga un ministerio creativo. Este es un ejemplo de las palabras con las que lo describen:

- Desafiante
- Escandaloso
- Vigorizante
- Original
- Intenso
- Único
- Estimulante

- Excepcional
- Nuevo
- Imaginativo
- Fresco
- Distintivo
- Divertido
- Innovador

- Personal
- Agradable
- Emocionante
- Inventivo
- Impredecible
- Inspirado
- Genuino

Cuando les pregunto qué palabras les vienen a la mente cuando piensan en un ministerio que no es creativo, me dan las siguientes palabras:

- Aburrido
- Apagado
- Poco interesante
- Soso
- Aletargado
- Tedioso
- Monótono
- Fastidioso
- Estancado

- Conformista
- Seco
- Convencional
- Tradicional
- Deprimente
- Rutinario
- Inamovible
- Común
- Redundante

- Inactivo
- Estacionario
- Aletargado
- Anticuado
- Tradicional
- Repetitivo
- Sin imaginación
- Estereotipados.

INTRODUCCIÓN

Así que, ¿cuál de las listas es la mejor descripción de tu ministerio? ¿Cuál describe el ministerio que deseas tener? Si estás cómodo describiendo tu ministerio con las palabras de la segunda lista, deja este libro porque te volverá loco; pero si la primera lista parece atractiva, entonces continúa leyendo, porque este libro te ayudará a llegar ahí.

Es mi deseo que cuando termines este libro te sientas seguro y entusiasmado de lo original, listo e ingenioso que eres. Espero que te encuentres viendo la misma información que todos los demás ven, pero que observes algo diferente. Descubrirás nuevas ideas y tendrás percepciones únicas.

Este libro cambiará cómo percibes tu propia creatividad, mientras despojas la creatividad de su mística. Verás, tal vez por primera vez, cómo se despliegan ante ti posibilidades interminables. Aprenderás a:

- Generar ideas
- Crear nuevas oportunidades en el ministerio
- Manipular y modificar ideas para encontrar las posibilidades más novedosas
- Mejorar las antiguas formas de hacer ministerio
- Desarrollar soluciones nuevas e innovadoras para los dilemas difíciles del ministerio
- Ser más productivo
- Ver los problemas como oportunidades
- Convertirte en la «persona ideal» en tu ministerio
- Saber dónde buscar la «idea de éxito»

Creo que considerarás *Despierta tu creatividad* una lectura muy amena. Está lleno de historias que traerán una sonrisa a tu rostro, así como también de consejos prácticos que puedes utilizar en tu día a día del ministerio. Confío que te ayudará a volver al niño dentro de ti. Espero que dejes este libro con una nueva energía en tu vida y ministerio; con una energía que perdure.

ERES UNA PERSONA
CREATIVA

La mayoría de las personas van por la vida sin siquiera saber lo creativos que son en realidad. Qué triste es eso.

Creo que cada uno de nosotros tiene un potencial creador increíble, y que cualquiera puede descubrir su creatividad escondida. La creatividad es la total y completa expresión de tu identidad en Cristo; es liberar la naturaleza creativa que Dios ha puesto en cada uno de nosotros.

La creatividad es la habilidad de crear algo nuevo usando la imaginación, ingenuidad e inventiva de alguien. También es una de las características principales de Dios. En las primeras páginas de las Escrituras aprendemos cómo Dios creó el mundo, y luego creó al hombre a su imagen. Y como somos hechos a la imagen de Dios, el Dios que inventó la creatividad, nosotros también somos creativos; todos nosotros. Si dices que no eres creativo, estás negando el sello de Dios en tu alma.

Creo que un ministerio juvenil efectivo es aquel que ayuda a los adolescentes a redescubrir su creatividad. El grupo de jóvenes debería ser conocido por su originalidad, frescura e iniciativa. Debería ser el lugar de reproducción del asombro, la pasión y lo impredecible. Debería ser un lugar donde los jóvenes reciben ayuda para encontrar y llevar a cabo el propósito único que Dios tiene para cada uno de ellos.

El ministerio juvenil también debería ser un lugar donde tu singularidad encuentre expresión. Confía en tu singularidad. ¿Por qué? Porque lo que te hace diferente es el resultado de la creatividad de Dios. Cada uno de nosotros es inusual, exclusivo, único en su especie. Cada uno de nosotros trabaja con diferentes jóvenes quienes tienen sus propias necesidades y fortalezas. Muchos modelos de ministerio juvenil son franquiciados o copiados, y orientarse con ideas que han servido para otros puede ser un buen lugar para comenzar. Pero con el objetivo de permitir que nuestra creatividad trabaje, debemos reconocer nuestras propias y únicas cualidades. Nuestros dones y perspectivas individuales hacen nuestros ministerios un verdadero reflejo del Espíritu Santo en nosotros.

Es fácil quedarse estancado; y cuando esto sucede nuestro lado creativo puede ser empujado lejos. Muchos líderes de jóvenes son como las orugas que el botánico francés Jean-Henri Fabre (1832-1915) estudió por muchos años de su vida. Fabre era un solitario aficionado sin entrenamiento científico, sin embargo, era un observador intenso del comportamiento de los insectos, a menudo en su propio jardín.

Fabre estaba fascinado por el desfile procesional de las orugas. Estas se alimentan de agujas de pino y plantas de hojas grandes, y con frecuencia se mueven a lo largo de

ERES UNA PERSONA CREATIVA

las ramas de los árboles en procesiones largas (de ahí el nombre). Cada oruga marcha con sus ojos medio cerrados, su cabeza baja y bien cerquita de la extremidad trasera de la oruga delante de ella. Docenas de ellas marchan en una línea como una sola.

> Pasé 22 años como pastor de jóvenes a tiempo completo en una iglesia de Fullerton, California, y fui afortunado de tener varios voluntarios maravillosos que trabajaron en nuestro equipo del ministerio juvenil. Uno de los más memorables fue un hombre llamado Forrest Bright. Forrest trabajó con sus manos la mayor parte de su vida. Carpintero de oficio, él había construido algunas casas finas en el área del condado Orange, y lo admiraba porque ya lo había conocido antes. Era un hombre callado que solía pasar sus fines de semana haciendo varios trabajos de reparación y construcción para familias con necesidad.
>
> Un día preguntó si podía trabajar con la juventud. Dijo que no quería ponerse a hablar frente a un grupo ni quería liderar un grupo pequeño de discusión de jóvenes; sin embargo, él sentía el llamado de Dios para trabajar con los jóvenes de alguna manera.
>
> Le pregunté si permitiría que algunos de nuestros adolescentes le ayudasen los fines de semana cuando hiciera reparaciones para los necesitados. Él estuvo de acuerdo, y por los siguientes dos años tuvo a varios jóvenes y señoritas ayudándole. Algunos de ellos incluso decidieron convertirse en carpinteros. Pienso que aquellos jóvenes aprendieron más de un fin de semana viendo a este hombre alto y generoso, con un gran corazón pastoral para el pueblo, que lo que aprendieron de una docena de mis enseñanzas. Dios utilizó las habilidades de Forrest para proveer un ministerio creativo para los jóvenes y para aquellos a los que ayudaban.
>
> Puede que no conozcas a Forrest, pero apuesto a que has escuchado de su hermano menor, Bill Bright, fundador de Campus Crusade for Christ. Mientras que el éxito del ministerio de Bill es innegable, siempre he admirado cómo Forrest utilizó los dones exclusivos y la creatividad que Dios le había dado. Algunas veces me pregunto quién realmente habrá tenido el ministerio más exitoso.

Un día Fabre decidió gastarles una broma. Logró engatusarlas para que caminaran desde la rama de un árbol hacia el borde más alto de una maceta. Cuando las orugas llevaban un rato caminando alrededor del borde de la maceta, la oruga líder se topó con el final de la fila, ajustó la cabeza en la parte trasera de la última oruga y así continuó la procesión, que en ese momento ya circulaba por el borde de la maceta sin principio ni fin. Fabre pensó que en algún momento se darían cuenta de su pequeña broma, pararían de dar vueltas y saldrían de la maceta para ir en una nueva dirección, pero no lo hicieron. En lugar de eso, por pura fuerza de hábito se mantenían caminando en círculos en el borde de la maceta. Y dieron vueltas y vueltas por varios días. Finalmente murieron de hambre y de agotamiento, aunque había comida y agua cerca.

Algunas veces nuestros ministerios caen en este mismo tipo de rutina: seguimos ciegamente a los que nos precedieron o la forma en la que siempre hemos hecho las cosas. Enterramos nuestras cabezas y continuamos haciendo todo igual que siempre, aunque ya no funcione.

Si queremos que nuestros ministerios prosperen y crezcan, no podemos encerrarnos en formaciones, modelos, percepciones y observaciones antiguos. Ya es hora de que muchos ministerios empiecen a salir de los esquemas, a pintar fuera de las líneas y a romper el molde. Ya es hora de arriesgarse y probar algo diferente.

COMENZANDO

Prueba esto: Pon tus puños sobre tus oídos. Ahora retira tu puño izquierdo como a un metro de distancia de tu oído izquierdo. Luego, mientras retiras tu puño derecho de tu oído derecho, acerca tu puño izquierdo a tu oído izquierdo. Hazlo una y otra vez, acercando y alejando tus puños de tus oídos. Esto se llama limpieza mental. Espero que estés dispuesto a desatascar tu cerebro y a deshacerte de los conceptos erróneos sobre la forma en la que se han hecho las cosas para que puedas abrirte a ideas nuevas y ¡a tu propia creatividad!

> «La imaginación es más importante que el conocimiento».
> EINSTEIN

> «El estreñimiento mental ocurre cuando tienes ideas antiguas en tu cabeza que te impiden tener nuevas ideas y puntos de vista alternativos. Lo que hay que hacer es echar agua para sacar las ideas antiguas».
>
> DOUG HALL, *ENCENDIENDO TU CEREBRO*

Una forma de abrir nuestro pensamiento es permitirle a Dios que libere nuestros cerebros. Romanos 12.2 (NTV) nos dice: «Dejen que Dios los transforme en personas nuevas al cambiarles la manera de pensar». Juan 8.32 agrega: «Y conocerán la verdad, y la verdad los hará libres».

Escucho a algunos líderes de jóvenes decir que la creatividad es un don natural que no se puede enseñar ni aprender. Ellos dicen que o eres creativo o no lo eres, y que no se puede hacer nada al respecto. Frecuentemente apoyan este argumento señalando casos extremos de creatividad. Hablan de los espectáculos de Las Vegas, como el Circo Soleil, o Penn y Teller, y dicen: «Yo nunca podré hacer eso; simplemente no soy creativo». Puede que no seas Tiger Woods, pero eso no debería impedirte jugar al golf. El hecho de que no podamos garantizar que un estudiante será un Chopin o una Midori no significa que debamos dejar de enseñarles a tocar el piano o el violín.

Que algunas personas sean extremadamente creativas y talentosas no significa que no puedan llegar a ser aun más creativas con algo de entrenamiento y técnicas, ni que otras personas nunca lleguen a ser creativas. Todos nacimos con dones creativos, y todos podemos desarrollar y nutrir esos dones.

ERES UNA PERSONA CREATIVA

Con frecuencia creemos que la creatividad es romper todas las reglas e ir en contra de todas las expectativas. Pero como Edward de Bono señala en *El pensamiento creativo*, para trabajar en un sistema de éxito hace falta creatividad:

> «Toto, algo me dice que ya no estamos en Kansas».
>
> DOROTHY EN *EL MAGO DE OZ* (MGM, 1939)

> Gordon MacKenzie compara la creatividad con partículas flotantes; esos pequeños garabatos con aspecto de pelos que a veces sentimos en los ojos y los vemos flotar frente a nuestro campo de visión. Él escribe:
>
> «¿Alguna vez has notado que si los miras (me refiero a los garabatos) se mueven hacia un lado? Si los miras fijamente desaparecen de tu vista. Y ¿te has dado cuenta también de que si quieres que vuelvan lo único que tienes que hacer es dejar de mirarlos? Si haces eso (dejar de mirarlos), poco a poco regresarán flotando a tu campo de visión. Es como si fuesen tímidos: los miras fijamente y se marchan; miras en otra dirección y vuelven a aparecer silenciosamente. La creatividad es así, no deja que la miren. Tan pronto como miras a la creatividad (cuando te haces consciente de ella, o de ti mismo), simplemente se desvanece. Si quieres que regrese debes dejar de enfocarte en ella».
>
> GORDON RAY MACKENZIE, ORBITING *THE GIANT HAIRBALL*.

En la escuela, mientras más inteligentes son los alumnos, más conformistas parecen. Estos aprenden rápidamente el «juego» de lo que se requiere: cómo agradar al maestro, cómo aprobar los exámenes con el mínimo esfuerzo... De esta manera aseguran una vida tranquila y la habilidad de progresar con lo que realmente les interesa.

Luego están los rebeldes. Los rebeldes, por razones de temperamento o por necesidad de ser vistos, no quieren seguir las reglas del juego. Es natural suponer que en el futuro la creatividad tendrá que venir de los rebeldes. Los conformistas están ocupados aprendiendo los juegos apropiados, jugándolos y ajustándose a ellos; así que depende de los rebeldes desafiar los conceptos actuales y proponerse hacer las cosas de manera diferente. Los rebeldes tienen el valor, la energía, y los puntos de vista diferentes.

Este es nuestro punto de vista tradicional de la creatividad, pero podría estar cam-biando.

Una vez comenzamos a entender la naturaleza de la creatividad podemos comenzar a trazar el «juego» y los pasos del juego. Cuando la sociedad decide que vale la pena jugar este juego y que debe ser recompensado, entonces bien podríamos hacer que los «conformistas» decidan que quieren jugar el nuevo «juego». Así los conformistas aprenden el juego de la creatividad... los conformistas pronto podrían llegar a ser más creativos que los rebeldes que no quieren aprender ni jugar ningún otro juego.

Así podríamos llegar a la conclusión paradójica de que los conformistas son más creativos que los rebeldes. Creo que ya está comenzando a suceder... El rebelde suele alcanzar la creatividad atacando las ideas predominantes y yendo en contra de los modismos actuales. El rebelde gana impulso cuando va «en contra» de algo, pero la creatividad de los conformistas no necesita ir «en contra» de nada y puede ser más constructiva e incluso añadir a ideas ya existentes. Así, no hay duda de que la creatividad no está restringida a los rebeldes, porque aun los que siempre se han considerado conformistas pueden adquirir las herramientas de la creatividad.

> «Hace años, un grupo de científicos visitó a una tribu en Nueva Guinea que creía que su mundo terminaba en el río que tenían cerca. Después de varios meses uno de los científicos tuvo que irse, lo que significaba que cruzaría el río. Mientras cruzaba de forma segura, él se dio la vuelta y los saludó. Los hombres de la tribu no le respondieron porque, según decían, no lo veían. Sus creencias tan arraigadas acerca del mundo habían distorsionado su percepción de la realidad».
>
> MICHAEL MICHALKO, THINKERTOYS

Recuerda que la creatividad en el ministerio no es el fin de este. Los líderes de jóvenes que son adultos no deben ser creativos por amor a la creatividad. Una vez Mike Yaconelli señaló que la creatividad «no es una novedad o un intento de impresionar a otros. Por lo general, las ideas desarrolladas sin ningún objetivo en mente, simplemente porque son creativas no funcionan bien. El propósito de la creatividad es hacer lo que estamos haciendo o diciendo más útil, práctico y efectivo».

TU CEREBRO ASOMBROSO

El cerebro humano es extraordinario. Únicamente pesa tres libras y es del tamaño de un pequeño melón. Es rápido, adaptable, listo y puede decirte si le ocurre algo.

El desarrollo del cerebro comienza en el primer mes después de la concepción. El cerebro en desarrollo incluye dos tipos de células: las neuronas, que hablan entre sí y con el resto del cuerpo; y las células gliales, que proveen apoyo esencial para hacer que todo funcione. Seis meses después de la concepción ya se ha formado la mayor parte de

> «Yo solía pensar que mi cerebro era el órgano más importante, pero luego pensé: Espera un minuto, ¿quién me dijo eso?».
>
> EMO PHILLIPS, COMEDIANTE

los miles de millones de neuronas que pueblan el cerebro ya maduro. Cada minuto se generan más de 250.000 neuronas nuevas, y aun más células gliales. Todas juntas forjan una elaborada red con un cuatrillón (1.000.000.000.000.000) de conexiones que guían cómo hablar, comer, respirar y movernos. James Watson, quien ganó el premio Nobel por ayudar a descubrir el ADN, describió el cerebro humano como «lo más complejo que hemos descubierto hasta ahora en nuestro universo». Woody Allen llamó al cerebro «mi segundo órgano favorito».

El cerebro humano tiene tres unidades básicas: el lóbulo frontal, el lóbulo parietal y el tronco cerebral. Todos los pensamientos y el razonamiento se sientan en la parte del cerebro que está justo detrás de las cejas, en el lóbulo frontal. Esta sección del cerebro contiene la capacidad de planificar, imaginar, leer, reconocer amigos y conocidos, y almacenar memoria a corto plazo, la cual hace posible considerar una nueva idea sin olvidar los conceptos previamente contemplados.

Aunque nuestros cerebros alcanzan el noventa por ciento de su tamaño adulto en el momento que tenemos seis años de edad, durante ese último diez por ciento de crecimiento todavía hay mucha actividad. Algunas de las últimas conexiones que se forman se encuentran en la corteza prefrontal, una región del cerebro que es importante para el razonamiento moral y la planificación del futuro. Los adolescentes pueden encontrarse en proceso de alcanzar un conjunto de conexiones prefrontales completamente funcional, lo que puede explicar por qué ellos pasan por más turbulencias emocionales, tienen poco control de sus impulsos y son más propensos a asumir riesgos en comparación con aquellos que ya son mayores. Encontramos esto no solo en los seres humanos sino también en los animales.

Desde hace tiempo se ha corrido el rumor de que únicamente utilizamos el diez por ciento de nuestros cerebros. Eso no es cierto. El mito originalmente se le atribuyó a William James, pero nadie ha encontrado la figura del diez por ciento en sus escritos o discursos. No importa a quién se le ocurrió esta idea, simplemente no es cierta. Todos usamos la totalidad de nuestro cerebro todos los días.

El científico Eric Kandel, que compartió el Premio Nobel en el año 2000, dijo que nuestros cerebros están aprendiendo y renovándose constantemente. No existen dos cerebros que sean idénticos. Dado que cada cerebro es único, así como lo es una huella digital, debemos recordar que los cerebros de los estudiantes en nuestros ministerios juveniles están programados de manera diferente. Solo este hecho debería ser suficiente para motivarte a ofrecer oportunidades de grupos pequeños si tienes más de 10 jóvenes en tu ministerio. Los grupos de tres a seis jóvenes permiten a los líderes de adultos dar un seguimiento a todos sus jóvenes.

Cuando un neurocirujano se está preparando para operar el cerebro de alguien, el cirujano primeramente debe hacer un esquema del cerebro del individuo. Mientras el paciente está parcialmente despierto en la mesa de operaciones, el doctor tocará partes del cerebro con un cable que envíe una leve descarga eléctrica y luego le

preguntará al paciente si sintió algo. De esta manera el cirujano identifica diversas funciones del cerebro del paciente que rodean el área en la que la cirugía se llevará a cabo. Por ejemplo, si alguien es bilingüe, el idioma francés estará en un lugar diferente que el idioma español. Los sustantivos y los verbos pueden estar en lugares separados. La sensibilidad de los brazos puede estar en un lugar diferente que la de las piernas. Los cirujanos conocen los lugares generales en donde las funciones de nuestros cuerpos son controladas, pero los puntos específicos pueden variar según cada persona, por lo que este estudio debe realizarse con cada paciente.

Otra cosa maravillosa que tienen nuestros cerebros es la manera en la que construyen patrones que nos permiten simplificar, sobrevivir, y hacer frente a un mundo complejo en base a nuestras experiencias de éxito del pasado. Por ejemplo, nosotros vemos 8 X 8 y el número 64 aparece automáticamente sin estar conscientes de él.

En los últimos 20 años ha estado circulando la historia de un estudio de palabras que se dice que se originó en la Universidad de Cambridge. El estudio en sí parece ser falso, un engaño. Nunca he encontrado a nadie que pudiera confirmar que ese estudio se llevó a cabo en Cambridge ni en ningún otro lugar. Pero sigue siendo una ilustración interesante de la capacidad de nuestro cerebro para formar patrones y clasificar las palabras. Esta es una versión:

> «Sgúen etsduios raleziaods por la Uivenrsdiad de Cmdibrage, no ipmotra el odren en el que las ltears etsén ersciats, la úicna csoa ipormtnate es que la pmrirea y la útlima ltera esétn ecsritas en la psiócion cocrreta. El retso peuden etsar ttaolmntee doaerdsendo y aún pordás lerelo sin pobrleams, pquore no lemeos cada ltera en sí msima snio cdaa paalbra etenra.»

Aun cuando el estudio nunca se hizo, la declaración en sí es interesante. El concepto se descompone cuando las palabras son más largas y más difíciles, y el contexto es menos obvio. De igual manera es fascinante lo que pueden hacer nuestras mentes.

Nuestros cerebros son capaces de llenar espacios por nosotros. Mira el dibujo de la página siguiente.

ERES UNA PERSONA CREATIVA

¿Qué ves? Nuestros cerebros buscan algo que hemos visto previamente, que es similar a estas manchas de tinta negra, y llena los espacios en blanco.

O echa un vistazo al siguiente dibujo. ¿Ves los círculos? La mayor parte de las personas los ve, pero no hay ningún círculo.

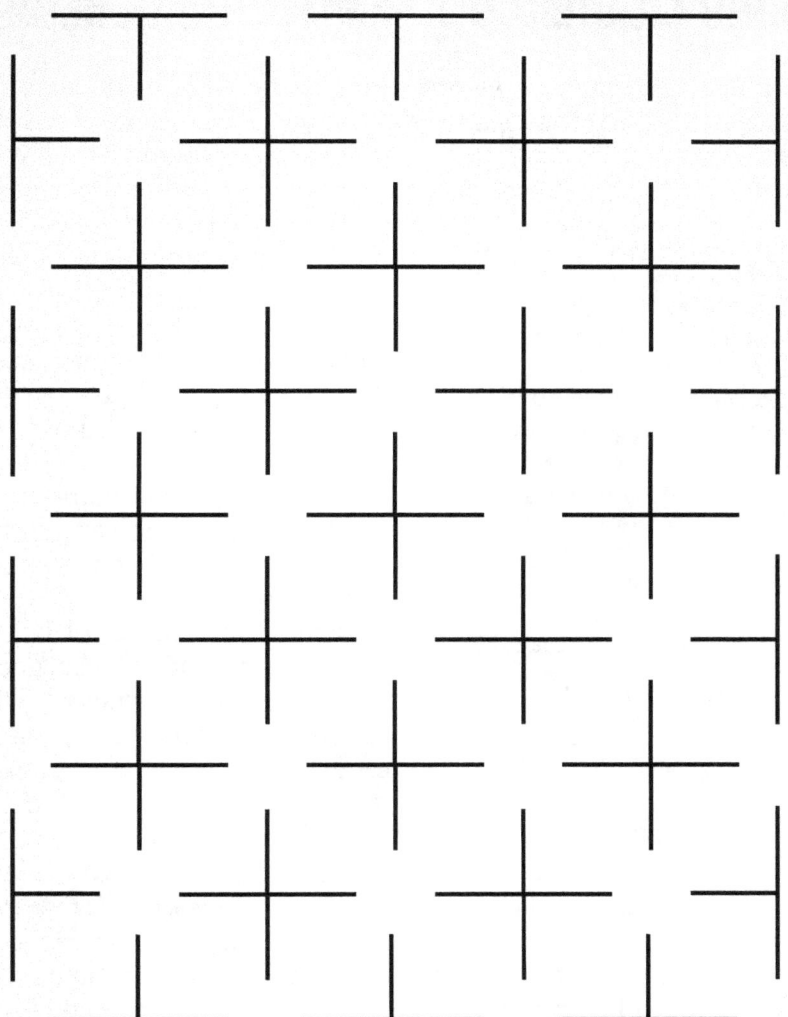

Pero hay un problema con esta habilidad maravillosa que tenemos para desarrollar y reconocer patrones: el mismo pensamiento que hace que sea fácil identificar y hacer uso de la información que hemos visto antes, puede hacernos difícil el encontrar nuevas ideas y soluciones creativas para los problemas. Cuando nos sentamos y tratamos de buscar nuevas soluciones, tenemos la tendencia a recurrir a las mismas ideas antiguas. Dicho de otro modo, si siempre piensas lo que siempre has pensado, siempre obtendrás lo que siempre has obtenido. La creatividad demanda que rompamos nuestros patrones viejos de pensamiento.

ERES UNA PERSONA CREATIVA

HEMISFERIO IZQUIERDO Y HEMISFERIO DERECHO

Antes de continuar veamos cómo es que otro aspecto de nuestro cerebro afecta la creatividad. Cuando las personas hablan del «hemisferio derecho» y del «hemisferio izquierdo», se refieren a los dos lados de la corteza, cada uno de los cuales tiene diferentes funciones. Los científicos aprendieron acerca de estas funciones estudiando a personas con daño cerebral, incluyendo soldados que habían sido heridos en batalla. Los soldados que sobrevivieron heridas en la cabeza exhibían una amplia gama de síntomas, que variaban dependiendo de la ubicación de la herida y la parte del cerebro que fue dañada.

> Michael Michalko señala que nuestras mentes son máquinas increíbles que establecen y reconocen conexiones. Él sugiere probar este experimento:
>
> Escoge ocho palabras al azar y dale este listado a alguien o a un pequeño grupo (por ejemplo: maceta, bebé, vaso, saltamontes, cafetera, caja, pan tostado y garaje). Pídeles que dividan las palabras en dos grupos, sin darles ninguna división racional. Descubrirás que a las personas se les ocurren clasificaciones muy creativas. Las agruparán de acuerdo a palabras con la letra o, objetos que tocan el agua, objetos hechos en fábricas, y cosas por el estilo. Nadie dice que no hay conexión.
>
> MICHAEL MICHALKO, *LOS SECRETOS DE LOS GENIOS DE LA CREATIVIDAD*

Estos estudios determinaron que nuestras habilidades verbales, así como nuestras habilidades lógicas y matemáticas, están concentradas en el hemisferio izquierdo del cerebro. El lado izquierdo parece tener una intensa necesidad de lógica y orden, y procesa la información racional y linealmente. La mayoría de las escuelas nos educan a utilizar el lado izquierdo de nuestro cerebro.

El lado derecho contiene la información no racional. Este piensa: *¡Que hermoso atardecer!* o *¿No sería interesante si pudiéramos vivir en una gigante calabaza vacía?* En la escuela, al lado derecho frecuentemente le piden que esté callado. El hemisferio derecho está más abierto a las ideas creativas, mientras que el hemisferio izquierdo pregunta: ¿Cuánto me va a costar esa idea?

Los hombres tienden a estar más centrados en el hemisferio izquierdo que las mujeres, pero todos necesitamos utilizar ambos lados de nuestro cerebro para funcionar bien en nuestra sociedad; y todos nosotros podemos aprender a darle un uso más eficaz al lado menos dominante de nuestros cerebros.

Hay cierto debate entre científicos sobre qué lado del cerebro es responsable de la creatividad. Algunos estudios han determinado que el hemisferio derecho es más

responsable por el arte visual que ninguna otra parte; otros estudios han sugerido que los talentos de los grandes artistas emanan de múltiples partes del cerebro; y aun otros investigadores han sugerido que el impulso creativo puede ser consecuencia de interactividad antagónica entre los lóbulos temporales fuertemente conectados.

Pero de donde sea que la creatividad emane, del hemisferio derecho, del hemisferio izquierdo o de alguna interactividad entre los dos, una cosa está clara: aquellos de nosotros que estamos en el ministerio juvenil debemos ser creativos. En los capítulos que siguen veremos cómo puedes mejorar tus propios impulsos de creatividad; de esta manera podrás ser más efectivo alcanzando y ministrando a tus jóvenes.

PREGUNTAS SIN HACER

1. ¿En dónde ves la creatividad de Dios en el mundo que nos rodea? ¿Cómo se revela en las Escrituras?

2. Cuando piensas en una persona creativa, ¿quién viene a tu mente?

3. ¿Estás de acuerdo con la afirmación de Einstein de que «la imaginación es más importante que el conocimiento»? ¿Por qué sí o por qué no?

4. ¿Qué piensas que es maravilloso de tu cerebro?

5. ¿Funcionas más con el hemisferio derecho o con el izquierdo? ¿Te sientes bien con ello?

6. ¿Cuándo has encontrado la creatividad algo difícil de alcanzar?

7. ¿Qué áreas de tu vida y ministerio son las más necesitadas de cambio y de creatividad renovada?

BARRERAS FRENTE A LA **CREATIVIDAD**

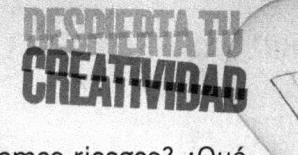

Así que, ¿qué nos impide ser creativos? ¿Qué hace que no asumamos riesgos? ¿Qué nos impide intentar cosas nuevas? ¿Qué hace que dejemos en el estante la creatividad que Dios nos dio? Déjame sugerir algunas posibilidades.

PERDIMOS NUESTRA INOCENCIA

Robert Fulghum, autor de *All I Really Need to Know I Learned in Kindergarten*, habla con una clase de jardín de infancia y hace una serie de preguntas:

«¿Cuántos de ustedes pueden dibujar?», preguntó. Todas las manos se levantaron.

«¿Cuántos de ustedes pueden cantar?» De nuevo, todas las manos.

«¿Cuántos de ustedes pueden bailar?» Unánimes.

«¿Cuántos de ustedes pueden actuar en obras de teatro?» ¡SÍ! ¡SÍ! ¡SÍ! ¡SÍ!

Una y otra vez, los pequeños respondieron SÍ a cada pregunta. A esa edad todo es posible.

Prueba hacerles las mismas preguntas a alumnos de la universidad en donde doy clases y solo unos cuantos levantarían sus manos, o calificarían sus respuestas con «Yo no tengo ese talento» o «Yo no estoy especializado en esa área» o «Yo no he hecho eso desde tercer grado». En la mayoría de los casos, si les haces esas preguntas a una audiencia mayor, escucharás un resonante «No».

Los niños pequeños no se sientan inhibidos por las restricciones de lo que las personas dicen que no se puede hacer; ellos son libres de sugerir pensamientos ingeniosos, pero nosotros solemos perder esa habilidad cuando crecemos.

> «Cuando los hermanos Montgolfier hicieron volar el primer globo de aire caliente, al rey en París le llegaron noticias emocionantes del evento, e inmediatamente pudo ver el potencial militar. Así que llamó a su director científico, M. Charles, y le ordenó fabricar un globo. Este científico se devanó los sesos: "¿Cómo podían haber hecho volar este artilugio?". Después de un rato se levantó de un salto con el equivalente francés de la palabra *Eureka*. "¡Deben estar utilizando este nuevo gas llamado hidrógeno, que es más ligero que el aire!", exclamó. Así que procedió a inventar el globo de hidrógeno, que es otra clase de globo totalmente distinta».
>
> EDWARD DE BONO, *EL PENSAMIENTO CREATIVO*

Un maestro le preguntó a una niña de cuatro años qué era lo que estaba dibujando. Ella respondió: «Estoy dibujando a Dios». El maestro dijo: «Nadie sabe cómo es

BARRERAS FRENTE A LA CREATIVIDAD

Dios». La niña respondió: «¡Lo sabrán en un minuto!».

Abraham Maslow enunció: «La pregunta clave no es ¿Qué promueve la creatividad?, sino ¿Por qué no todos son creativos? ¿Adónde se perdió el potencial humano? ¿Cómo fue paralizado? Pienso que una buena pregunta no sería: ¿Por qué la gente crea?, sino: ¿Por qué la gente no crea o innova? Hemos abandonado el sentido de asombro frente a la creatividad, como si se tratara de un milagro que nadie creara nada».

> «La mente intuitiva es un don sagrado, y la mente racional es un sirviente fiel. Hemos creado una sociedad que honra al sirviente y se olvida del don».
>
> ALBERT EINSTEIN

Así que de nuevo pregunto: ¿Qué nos pasó? ¿Qué salió mal entre el jardín de infancia y la edad adulta? ¿Qué le pasó al «¡SÍ!»?

En algún punto dejamos de jugar a la casita, cantar y bailar. Aprendimos que los elefantes no tienen alas y que los árboles no tienen rayas. Nos dijeron que hay cosas correctas e incorrectas que pensar, sentir y decir.

En la serie de películas de Austin Powers, el Dr. Evil (Mike Myers) sigue interrumpiendo a su hijo, Scotty, mientras que el joven trata de expresar sus ideas. El Dr. Evil hace esto de forma continua diciendo «shhh». El Dr. Evil le dice a su hijo que él tiene una bolsa llena de «shhhs». En la vida nosotros conocemos a muchos doctores Evil que siguen diciéndonos que simplemente nos sentemos quietos y en silencio.

Así que, ¿qué deberíamos hacer? Primero, ponerte en contacto con el niño que llevas dentro. Cierra tus ojos e imagínate en tu edad más curiosa. Tal vez puedas imaginarte a los diez años, o tal vez más joven. Experimenta el gozo de las posibilidades; la motivación de los amigos, padres, maestros y pastores; el asombro de los días de Acción de Gracias, Navidades, aniversarios y cumpleaños.

Picasso dijo una vez: «Todos los niños son artistas». Él aseguró haberse convertido en un verdadero artista cuando aprendió a pintar como un niño. En algunas ocasiones tal vez deberíamos preguntarles a algunos niños cómo lidiarían ellos con un problema, y luego escucharlos.

LA CREATIVIDAD FUE EDUCADA FUERA DE NOSOTROS

En la educación hay una jerarquía. Las asignaturas como matemáticas, ciencias naturales, español e historia están en la cima. Cosas como la banda de música de la escuela, el club de drama y las artes se encuentran más abajo. Todos nacimos como pensadores espontáneos y creativos. Hasta ahora una gran parte de nuestra educación parece estar diseñada para enseñarnos «qué» pensar en lugar de «cómo» pensar. Cada uno de nosotros entra a la escuela como un signo de interrogación, pero se gradúa como un punto.

Los niños pequeños tienden a ser naturalmente creativos, pero muchas veces nuestra creatividad se educa fuera de nosotros. Si a los niños se les permite seguir siendo curiosos, continuarán utilizando sus tendencias naturales para descubrir y explorar hasta que pasen de los cien años de edad. A los niños les da gozo la creatividad y el descubrir, pero en los sistemas educativos hay restricciones que siguen manteniendo enfoques tradicionales para enseñar aunque estos hayan dejado de funcionar.

Otra razón por la que no somos más creativos es porque no se nos ha enseñado a serlo. Jean Piaget dijo una vez que la meta principal de la educación debería ser crear hombres y mujeres capaces de hacer cosas nuevas en lugar de simplemente repetir lo que han hecho otras generaciones. Incluso a algunos de nosotros se nos ha enseñado que las mejores ideas están en la cabeza de alguien más. Muchas de las discusiones de clase son simplemente un juego elaborado de «adivinar lo que está pensando el maestro». ¿Cuántos de nuestros maestros alguna vez nos preguntaron qué idea original teníamos? (Por cierto, esto también es una verdad en la iglesia.)

> «Noé, mi hijo de 2 años, y yo íbamos por la calle de camino al jardín de infancia, cuando de repente él notó una piedrecita brillante clavada en el asfalto. Deteniéndose para no pisarla, la observó por un segundo considerándola por completo encantadora y se rió. A una pulgada de distancia espió una plantita, una mala hierba que valientemente luchaba a través de una grieta en el asfalto. La tocó gentilmente y volvió a reír. Noé notó qué más allá de ella había un pelotón de hormigas marchando en una sola fila, y se agachó a examinarlas de cerca. Cargaban un insecto muerto, y Noé aplaudió de asombro. Había partículas de polvo, un tornillo oxidado y un punto brillante de aceite. Habían pasado quince minutos y tan solo habíamos avanzado seis metros. Con la audacia de actuar como un adulto que tiene un horario, intenté hacer que se moviera, pero él no quería nada de eso. Y yo me detuve, viendo a mi pequeño maestro, preguntándome cuánto tiempo hacía que yo me había tomado 15 minutos para caminar 20 pies».
>
> JOHN MEDINA, *EXPRIME TUS NEURONAS*

> «Nunca dejes que la educación formal se interponga en tu forma de aprendizaje».
>
> MARK TWAIN

A medida que crecemos nos tropezamos con las experiencias de la vida, y estas tienden a hacernos más «realistas». Eso no está precisamente bien. Consecuentemente, tendemos a procesar la información de la misma manera y hacer cosas de la misma manera una y otra vez en lugar de buscar alternativas. Una vez que creemos que sabemos lo que funciona o lo que puede hacerse, se nos hace difícil considerar otras posibilidades. Aun cuando buscamos formas de evaluar nuestras ideas para ver si estamos en lo correcto, frecuentemente ignoramos caminos que podrían guiarnos a descubrir alternativas.

BARRERAS FRENTE A LA CREATIVIDAD

La siguiente historia del libro *Gifts of grace, de Mary* Schramm, ilustra este principio:

> En el libro *Pon en marcha tu cerebro*, Doug Hall sugiere diez formas de restaurar un espíritu de inocencia:
>
> • Inhala el contenido de un globo de helio, y luego habla por el sistema de intercomunicación
>
> • Súbete a un árbol
>
> • Haz volar una cometa
>
> • Cuélgate de tus rodillas en el pasamanos
>
> • Colúmpiate tan alto como puedas
>
> • Rueda colina abajo
>
> • Da vueltas hasta marearte
>
> • Toma una ruta diferente para la escuela o el trabajo
>
> • Cena en el noveno restaurante que aparece en las páginas amarillas
>
> • Pídele a la quinta persona que le hables en el trabajo que almuerce contigo ese día

Una vez un niñito fue a la escuela. Era una escuela muy grande, pero cuando el niño descubrió que podía llegar a su salón de clase desde el patio de afuera estuvo feliz, y la escuela ya no le pareció tan grande. Una mañana, cuando el niño ya llevaba un rato en la escuela, la maestra dijo: «Hoy haremos un dibujo».

«Bien», pensó el niño. A él le gustaba hacer dibujos; podría hacer leones, tigres, trenes y barcos. Sacó sus crayones y comenzó a dibujar. Pero la maestra dijo: «Espera, no es tiempo de comenzar», y esperó hasta que todos parecieran listos. «Ahora dibujaremos flores», dijo la maestra.

«Bien», pensó el niño, y comenzó a hacer bellas flores con sus crayones naranjas, rosados y azules. Pero la maestra dijo: «Esperen». Ella hizo un dibujo en la pizarra, era una flor roja con tallo verde. «Ya pueden comenzar».

El niño vio la flor de la maestra. A él le gustaba más la suya, pero no dijo nada, simplemente le dio la vuelta a su papel e hizo una flor como la de la maestra. Era roja con tallo verde.

Otro día, la maestra dijo: «Hoy haremos algo con arcilla». «Bien», pensó el niño. Él podía hacer toda clase de cosas con arcilla: serpientes, hombres de nieve, elefantes y ratones... y comenzó a apretar y a moldear su bola de arcilla. Pero de nuevo la maestra dijo: «Esperen, les mostraré cómo». Y les mostró a todos cómo hacer un plato hondo. El niño simplemente volvió a hacer una bola con su arcilla, e hizo un plato como el de la maestra. Y pronto el niño aprendió a esperar, a ver y a hacer las cosas tal y como la maestra lo hacía; y al final dejó de hacer sus propias cosas.

Y luego sucedió que el niño y sus padres se mudaron a otra ciudad y el niño tuvo que ir a otra escuela. El primer día que él fue a la escuela, la maestra dijo: «Hoy haremos un dibujo».

«Bien», pensó el niño, y esperó a que la maestra le dijera qué hacer. Pero la maestra no dijo nada. Ella simplemente caminaba alrededor del salón. Cuando se acercó al niño le dijo: «¿No quieres hacer un dibujo?».

«Sí», dijo el niño. «¿Qué vamos a hacer?»

«Bueno, no sé hasta que lo hagas», dijo la maestra.

«¿Cómo debo hacerlo?», dijo el niño.

«¿Por qué? ¡Como a ti te guste!»

«Y, ¿de cualquier color?».

«De cualquier color», dijo la maestra. «Si todos hiciéramos la misma cosa y del mismo color, ¿cómo iba a saber quién ha hecho qué y cuál es cuál?».

«No lo sé», dijo el niño, y comenzó a dibujar una flor. Era roja con tallo verde.

NUESTROS MIEDOS NOS DETIENEN

Cuando me mudé del área de la Bahía de San Francisco a Rocklin (a 32 kilómetros al este de Sacramento), alquilé un camión de mudanzas. Los camiones de mudanzas tienen un regulador de velocidad que impide que vayan a más de 88 kilómetros por hora.

El miedo puede ser como un regulador de velocidad en nuestras vidas, pues nos impide hacer lo que somos capaces de hacer y consume nuestra creatividad e imaginación. Considera esto: ¿Qué es absolutamente la peor cosa que te pudiera suceder? ¡La muerte! ¿Y qué si mueres? Todos nosotros tendremos que morir alguna vez, y si eres cristiano, sabes a dónde vas cuando mueres. Así que, superemos nuestros miedos de descubrir e intentar algo nuevo y diferente. Crecemos muy rápido, dejamos de soñar muy rápido y desarrollamos la habilidad de preocuparnos mucho antes de ser jóvenes.

> «A lo único que debemos temer es al temor mismo».
>
> FRANKLIN D. ROOSEVELT

BARRERAS FRENTE A LA CREATIVIDAD

Una de las maneras más efectivas de combatir el miedo es admitiéndolo. Cuando la NASA estudió los efectos que tenía en los humanos viajar al espacio, notó que algunos de los astronautas constantemente sufrían de mareos o estrés, mientras que otros no. La NASA consideró que estas reacciones eran manifestaciones de miedo, y concluyó que la mayor diferencia entre los dos grupos era que el segundo grupo había admitido con anticipación que estaban asustados, mientras que el primero no.

> «El valor es la resistencia al miedo. Es dominar el miedo, no la ausencia del miedo».
>
> MARK TWAIN

Admitir nuestros miedos no significa que pasemos días preocupándonos. Mark Twain tenía una aguda percepción de la mente de las personas que pasaban mucho tiempo preocupándose sobre el futuro o el pasado, o mucho tiempo ideando problemas imaginarios con consecuencias aterrorizantes. Él nos recuerda la innecesaria miseria causada por la preocupación: «He vivido cosas bastante terribles, algunas de ellas realmente sucedieron».

El miedo nos puede paralizar e impedirnos actuar. Y frecuentemente nuestros miedos son suscitados por la anticipación de dolor, peligro, pérdida o cambio, ya sea real o imaginario. Vamos a ver de cerca algunos de los miedos más debilitantes:

Miedo al fracaso

Este miedo es probablemente el más obvio. Tenemos miedo de intentar algo nuevo y que no funcione. Podríamos fallar en esto. Puede ser un fracaso total. Si es un fracaso lo suficientemente grande, podríamos incluso perder nuestros trabajos. Así que mejor ni lo intentamos.

Por supuesto, puedes fracasar también si continúas haciendo lo mismo de siempre. De hecho, si lo que has estado haciendo no ha tenido tanto éxito y continuas haciéndolo, ¡tu fracaso está más que garantizado! Así que, ¿por qué no intentar algo nuevo?

Hasta las mejores ideas pueden ser bloqueadas por nuestro miedo al fracaso. Si siempre estamos intentando asegurarnos de que no haya resultados negativos, podemos interrumpir o apagar nuestra energía creativa. Muchas veces somos como el niño que plantó cebollas en su jardín, y una vez que las hojas salieron del suelo, insistía en tirar de la planta para arrancarla de la tierra y ver si estaba creciendo. Por supuesto, murió. Si continuamente nos enfocamos en cómo van a ser recibidos nuestros efuerzos, podemos matar nuestra creatividad.

Miedo al éxito

Esto puede sonar absurdo al principio, pero algunas personas temen que si inventan una idea creativa o hacen algo significativo, las personas siempre esperarán de ellos el mismo nivel de creatividad. Tienen miedo de la presión que el éxito puede traer, o temen ser conocidos como «una estrella fugaz». Pero, ¿podría ser eso tan malo? ¿Podría ser tan malo si lo único que inventas fuera el corrector de tinta, la Barbie, el iPod, *Una vida con propósito*, o la serie de Harry Potter?

Miedo al cambio

¿Qué es QWERTYUIOP? Si pasas mucho tiempo en una máquina de escribir o en una computadora, probablemente conoces este patrón como la fila de letras superior de tu teclado. Pero piensa en esto: Si se te pidiera diseñar el teclado de una computadora o de una máquina de escribir por primera vez, en la actualidad, ¿cuál es la probabilidad de que ordenes las teclas en esta forma? Ninguna, a menos que seas masoquista.

Quizás te sorprenda saber que esta secuencia familiar de letras no se utilizó en las primeras máquinas de escribir. En los años 1870, Sholes y Co., un fabricante líder de máquinas de escribir, recibía quejas de los clientes porque las teclas de la maquina se atascaban y se pegaban entre sí. En respuesta, y como una solución provisional, los ingenieros cambiaron de orden las teclas en una secuencia ilógica para disminuir la velocidad de los mecanógrafos hasta que pudiesen encontrar una mejor solución. Por ejemplo, la letra «O» y la «I» son la tercera y la sexta letras que se usan con más frecuencia; sin embargo, los ingenieros las situaron en un lugar que requería más movimiento y fueran pulsadas por los dedos más débiles. Para cuando los ingenieros desarrollaron un diseño mejorado, los mecanógrafos habían aprendido esta secuencia de teclas y no querían pasar por la molestia de volver a «desaprender».

Hoy en día tenemos computadoras que pueden procesar la pulsación de las teclas mucho más rápido que cualquier operador humano. Aun así estamos usando un sistema irracional e improductivo porque esa es la forma en que siempre lo hemos hecho y no queremos aprender algo nuevo.

El cambio es difícil, y muchos de nosotros lo evitamos cuando podemos. Las únicas personas a las que les gusta ser cambiadas son los bebés, y aun así ¡casi siempre están llorando!

El miedo al cambio es especialmente destructivo para aquellos que están en el ministerio. Debemos esforzarnos lo más que podamos para que nunca ahoguemos la creatividad que existe en cada joven por culpa de nuestro miedo al cambio. Muchas veces ter-

BARRERAS FRENTE A LA CREATIVIDAD

minamos metiendo a los jóvenes en una caja y limitando aquello que pueden llegar a ser, todo bajo el nombre del conformismo. ¡No les hagas eso a tus jóvenes! Ellos son demasiado preciosos ante los ojos de Dios para que nosotros destruyamos esa espontaneidad maravillosa y su amor por la vida.

En lugar de eso deberíamos buscar traer un espíritu de creatividad a todo lo que hacemos en nuestros grupos de jóvenes: juegos, actividades, reuniones, charlas, campamentos, estudios bíblicos, adoración y cualquier otro aspecto de nuestro trabajo con los jóvenes. Alterando lo que hacemos y dándole nueva vida a lo viejo, podemos emocionar a los jóvenes e involucrarlos para hacer del grupo de jóvenes su grupo, diferente de cualquier otro.

Pero hay un problema que tenemos que enfrentar. El miedo al cambio no está solamente dentro de nosotros; se encuentra por todas partes a nuestro alrededor, especialmente en la iglesia.

No todos le dan la bienvenida a la creatividad. La mayoría de las iglesias están contentas de tener grupos de jóvenes que son buenos, previsibles y cómodos, en los que los jóvenes están felizmente involucrados en las actividades, creciendo en número y satisfechos con los programas. Los líderes de jóvenes deben enseñar a los adolescentes qué creer y cómo actuar, para que cuando sean grandes no se aparten de la fe. La mayoría de las iglesias no quieren riesgos, no quieren problemas. Muchas iglesias están completamente felices de apoyar la creatividad en el grupo de jóvenes... mientras que este no sea tan creativo.

La creatividad suena como una buena idea que todos pueden apoyar, pero cuando esta interfiere con nuestro nivel de conformismo, cuando esta molesta nuestras tan arraigadas creencias, cuando esta obstruye nuestra perspectiva del mundo o amenaza nuestros valores, no estamos tan seguros. Entonces la creatividad nos da miedo.

Piensa en la forma en la que la gente reaccionó ante Jesús. Los líderes religiosos de su tiempo no tenían un problema real con él siempre y cuando permaneciera en el molde del Mesías que ellos habían creado, mientras hiciera lo que ellos creían que un Mesías debía hacer. Siempre que Jesús no rompiera las reglas, no pisara sus arraigadas leyes religiosas ni desafiase su imagen de Dios, los líderes religiosos estaban felices de dejarlo liderar su alegre banda de seguidores.

Pero Jesús rompió las reglas. Él desconcertó las expectativas, fue creativo, ingenioso e impredecible, y como resultado creó enemigos.

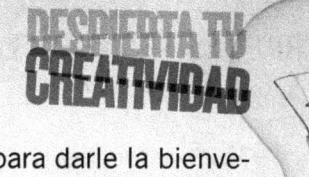

Si piensas que la iglesia ha cambiado y que el mundo está listo para darle la bienvenida a la clase de creatividad que encarnó Cristo, piénsalo de nuevo. La creatividad amenaza el estatus quo y altera a aquellos que están cómodos. Leonard Ravenhill escribió una vez: «Si Jesús hubiera predicado el mismo mensaje que los ministros predican hoy, él nunca habría sido crucificado». La creatividad también atrae a lo poco atractivo, alcanza lo inalcanzable, convierte al inconverso, trae sanidad a lo incurable y salud al poco saludable. Y eso es exactamente lo que le molesta a la mayoría de las personas.

NO TENEMOS SUFICIENTE...

Nuestra creatividad puede ser bloqueada por una «mentalidad de escasez» que cree que nunca tendremos lo que necesitamos para hacer lo que nos podemos imaginar. Por ejemplo, podríamos pensar que...

No tenemos suficiente tiempo.
Esto no es cierto. Todos tenemos la misma cantidad de tiempo. Bill Gates, Warren Buffett, Billy Graham y la Madre Teresa tienen (o tenían) las mismas limitaciones que tú tienes: todos tenemos 24 horas en un día, 7 días en una semana, y 52 semanas en un año. No es que unas personas tengan una hora extra escondida en algún lugar que puedan usar en una emergencia. No es cuestión de tener más tiempo, sino de hacer el mejor uso del tiempo que tenemos.

O tal vez nuestra preocupación sea que...

No tenemos suficiente dinero.
Como es el caso con el tiempo, el verdadero problema es cómo usamos el dinero que tenemos. De hecho, la falta de dinero nos fuerza a ser más creativos y puede hasta inspirar ideas más grandes. Las compañías Walt Disney, Hewlett Packard y Apple, todas se iniciaron en garajes. La editorial Group comenzó en el cuarto trasero de la casa de los padres de Thom Shultz.

Mike Yanconelli y Wayne Rice comenzaron Especialidades Juveniles en el maletero de un carro en una conferencia del ministerio juvenil en las montañas de las afueras de Los Ángeles en 1969. Imprimieron 100 copias de su primer libro de Ideas en una máquina de mimeografía de la iglesia de Mike, compraron carpetas en una tienda local, y Wayne diseñó la serigrafía de la portada del libro.

BARRERAS FRENTE A LA CREATIVIDAD

Muchas de las grandes empresas y ministerios han hecho su trabajo más brillante en situaciones de ahorro, desorden y hasta en malas condiciones. La mayoría de las personas con ministerios en crecimiento pasan muy poco tiempo pensando en sus alrededores. Tienen una buena visión de túnel: Se centran en lo que Dios puede hacer en y por medio de ellos.

Pero, tal vez el problema es que...

No tenemos suficiente conocimiento.
En la película *Como Dios*, el personaje protagonizado por Jim Carrey le sigue pidiendo a Dios una señal que le diga qué hacer. Luego, la cámara nos muestra señales por todos lados, pero Jim no las ve. El conocimiento que necesita está ahí, simplemente no se da cuenta. De la misma manera, nosotros tenemos mucho conocimiento. La pregunta es si estamos usando el conocimiento que tenemos de forma creativa.

MALAS ACTITUDES

Incluso sin las preocupaciones anteriores de tener tiempo, dinero y conocimiento suficientes, podemos tropezar con actitudes y suposiciones negativas. Vamos a hablar de algunos de los peores infractores:

«Siempre lo hemos hecho así»
Algunas veces la sabiduría convencional y las creencias de lo que «siempre se hace» o «siempre se piensa» pueden ser problemáticas. Yo animo a mis alumnos en la universidad a que cuestionen los clichés antiguos. Considera las siguientes declaraciones clásicas. ¿Son realmente ciertas? ¿Habrá otra forma de ver la vida?

- La curiosidad mató al gato.

    - ¿Qué dice esto de la curiosidad? ¿Qué piensas?

- Demasiadas cocineras estropean el caldo.

    - ¿Qué dice esto del trabajo en equipo? ¿Qué piensas?

- A un perro viejo no le puedes enseñar trucos nuevos.

    - ¿Qué dice esto de las personas más adultas? ¿Qué piensas?

- La belleza está en la superficie.

  - ¿Qué dice esto acerca de las personas que son físicamente atractivas? ¿Qué piensas?

- El que duda está perdido.

  - ¿Qué dice esto de detenerte y evaluar tu situación? ¿Qué piensas?

- No cuentes los pollos antes que salgan de los huevos.

  - ¿Qué dice esto de considerar las posibilidades? ¿Qué piensas?

- Amar y perder es mejor que nunca haber amado.

  - ¿Qué dice esto del amor perdido? ¿Qué piensas?

> «Para algunos la creatividad es un pecado. De acuerdo con estas personas, lo que era suficientemente bueno para Pablo debería ser lo suficientemente bueno para nosotros. Desconfían de cualquier cosa nueva y siempre les preocupa que lo nuevo sea liberal. A lo largo de Biblia es Dios quien constantemente fuerza a los religiosos a reconocer lo nuevo de la vida, el viento fresco del Espíritu Santo. Dios usó rocas, varas, lodo, agua, hornos, leones, pescados, fuego, terremotos, viento, escritura un una pared, burros, ondas, perfume, serpientes, vino, ovejas, dinero, higueras, trigo, semillas, cerdos, ranas, langostas y prostitutas. ¡Y solo hemos descrito la punta del iceberg! Dios cambió constantemente el tipo de personas a través de quienes habló y las formas en las que comunicó su mensaje. Así que quien crea que Dios trabaja solo de una forma tiene una mala teología. Cuando Dios trabaja, no hay límite para su creatividad. Dios se puede comunicar a través de cualquier cosa o cualquier persona».
>
> MIKE YACONELLI, *THE CORE REALITIES OF YOUTH MINISTRY*

No te estoy recomendando que hagas nada ilegal, inmoral o poco ético mientras desafías las conjeturas actuales. Ni tampoco estoy promoviendo la anarquía o que desechemos todo lo que siempre hemos creído que es verdad. Pero creo que es saludable que periódicamente reexaminemos los principios que hemos aceptado.

«Todos tienen que ser como nosotros»

Theodor Seuss Geisel (alias Dr. Seuss) publicó más de sesenta libros para niños antes de morir en 1991. Justo antes de su muerte, estaba trabajando en un nuevo libro acerca de una escuela poco convencional y fuera de lo común. Su editora, Janet Schulman, recibió de la secretaria del Dr. Seuss catorce páginas llenas de bocetos hechos a lápiz y otra información acerca de dónde tenía previsto llevar a cabo la historia. Después de retener estas páginas por unos cuantos años, Janet contrató a otros dos autores, Jack Prelutsky y Lane Smith, para terminar el libro, lo cual fue una celebración de la individualidad y la creatividad, y un cuestionamiento del valor de las

BARRERAS FRENTE A LA CREATIVIDAD

pruebas estandarizadas del logro de hoy en día (tales como PSAT, SAT, GMAT, LSAT y MCAT, por nombrar algunas). El libro, *Hooray For Diffendoofer Day*!, fue publicado en 1998. Te recomiendo que lo leas.

En su libro *Holy Wow*, Jeff White genera unas preguntas maravillosas para ayudarnos a considerar lo que la Escuela Diffendoofer podría tener que enseñarle a nuestras iglesias y ministerios:

1. ¿Qué clase de materias enseñaría una iglesia Diffendoofer? Piensa por lo menos en tres.

2. ¿Por qué clase de características sería conocido un líder en una iglesia Diffendoofer? ¿Crees que esas características serían apropiadas en un ministerio juvenil? ¿Por qué sí o por qué no?

3. Nombra algunos aspectos (si hubiera) de tu ministerio juvenil que pueda ser más probable que se encuentren en Flobbertown.

4. ¿Qué cualidades específicas hacen a una iglesia Diffendoofer diferente a una iglesia Flobbertown? Nombra cinco.

5. ¿De qué forma podría parecerse más tu ministerio a Diffendoofer? ¿De qué forma puede ser este menos parecido a Flobbertown?

Otro ejemplo del problema de esperar que todos sean como nosotros puede verse en un episodio de *King of the Hill*. En este episodio Hank Hill no sabe qué hacer con el comportamiento ofensivo de su hijo Bobby. Un amigo le sugiere a Hank que involucre a Bobby en el grupo de jóvenes de una iglesia local. Recordando su propia experiencia en la iglesia cuando era niño, Hank viste a Bobby con un traje oscuro y corbata, una camisa blanca, y le da una gran Biblia para llevar al grupo de jóvenes. Cuando deja a Bobby frente a la iglesia, él no está feliz.

Bobby escucha algunos ruidos detrás de la iglesia y encuentra a un grupo de niños patinando. Cuando se da cuenta que este es el grupo de jóvenes, se alegra. Pronto Bobby ha adoptado el idioma y la forma de vestir de esos patinadores cristianos, y entonces Hank es el que está triste. Así no fue como Hank conoció a Dios, ni como expresaba sus pensamientos acerca de Dios cuando tenía diez años.

Hank Hill no está solo. Hay muchos padres y líderes que están tratando de crear clones espirituales de ellos mismos en lugar de cuidar y apoyar a los jóvenes en sus

caminos espirituales propios y únicos. El camino espiritual de todos no será exactamente el mismo.

«Nunca funcionará»

A lo largo de mis más de cuarenta años de ministerio, he acumulado una gran colección de ejemplos de personas que durante la historia han sido negativas, pesimistas y desconcertantes, desanimando las ideas de otros. Estas son solo algunas:

• En 1861, Phillip Reiss, un alemán, inventó una máquina que podía transmitir música. También estuvo cerca de crear una máquina que pudiera transmitir conversaciones. Cada experto en comunicación en Alemania lo convenció de que no había mercado para tal aparato, pues el telegrama era lo suficiente bueno. Desistió y quince años después Alexander Graham Bell inventó el teléfono y se hizo multimillonario, con Alemania como su primer y más ansioso cliente.

• En 1872, Pierra Pacht, profesor de fisiología en la Universidad de Toulouse, dijo: «La teoría de Louis Pasteur en cuanto a los gérmenes es ficción ridícula».

• El rey de Prusia predijo el fracaso de los ferrocarriles porque «nadie pagaría buen dinero para ir desde Berlín hasta Postdam en una hora, pudiendo ir en caballo gratis en un día».

• Cuando se inventó el ferrocarril y su velocidad máxima era 40 km por hora, un profesor de Londres escribió: «El viaje sobre raíles a alta velocidad no es posible porque los pasajeros, incapaces de respirar, morirían de asfixia».

• En 1899, Charles Duell, el comisionado del registro de la propiedad industrial de los Estados Unidos, recomendó que el gobierno inhabilitara el registro, porque todo lo que se podía inventar ya se había inventado.

• En 1903, un banquero no recomendó la inversión en la compañía Ford Motor porque «el caballo es para siempre, pero el automóvil es solo una novedad, una moda».

• En 1905, Grover Cleveland dijo: «Las mujeres sensibles y responsables no quieren votar».

• En 1938, Chester Carlson inventó la fotocopiadora. Prácticamente cada corporación importante, incluyendo IBM y Kodak, se burló de su idea y la rechazó, diciendo que nadie que estuviese en su sano juicio compraría una copiadora tan costosa cuando el papel carbón era tan barato y abundante.

BARRERAS FRENTE A LA CREATIVIDAD

• En 1943, Thomas Watson, presidente de IBM dijo: «Pienso que en todo el mundo hay mercado para tal vez cinco computadoras».

• Un famoso director de películas comentó sobre el futuro de la televisión y dijo: «La gente se cansará pronto de mirar una caja de madera todas las noches».

• En 1955, la revista Variety dijo del rock que «para junio habría desaparecido».

• En 1977, Ken Olson, presidente y fundador de Digital Equipment Corp., dijo: «No hay razón para que alguien quiera una computadora en su casa».

• Mientras era alumno en Yale, Fred Smith inventó el concepto de Federal Express, un servicio de entrega a domicilio nocturno. El servicio postal de los Estados Unidos, UPS, su maestro de administración y prácticamente cada experto de entrega a domicilio en los Estados Unidos predijeron que su empresa fracasaría. Basados en sus experiencias en la industria, dijeron, nadie pagaría más dinero por velocidad y fiabilidad.

Mi punto con todos estos ejemplos es simple: No dejes que personas como estas te influyan. No permitas que te desanimen ni hagan que dejes de inventar nuevas ideas y tener un pensamiento fresco. Siempre te criticarán. El maestro y autor Howard Hendricks solía decir: «Donde haya luz siempre habrá insectos».

También es importante no ser despectivo con las ideas creativas de otros. Aquí hay una lista de frases que desmotivarán cada idea nueva e ingeniosa. La próxima vez que quieras ahogar toda la creatividad en una sesión de planificación, trata de responderle a tu equipo con una o más de estas frases:

• Ya lo hemos intentado.
• Estamos muy ocupados para hacer eso.
• Ese cambio es muy radical.
• Eso no es práctico.
• Nunca hemos hecho eso antes.
• Los cristianos no hacen eso.
• Volvamos a la realidad.
• ¿Por qué cambiar? La forma antigua funciona bien.
• Está bien, pero...
• No estamos listos para eso.
• No tenemos la autoridad/el tiempo/el dinero/el equipo/el espacio/el personal.

- Esto no está dentro del presupuesto.
- Pensémoslo mejor.
- Eso es lo que hacen los liberales (o conservadores).
- ¿De dónde sacaste esa idea?
- Nos fue bien sin eso.
- A nuestros padres/denominación/líderes/congregación no les gustará.
- Eso no puede hacerse.
- Es muy inconveniente.
- Conozco una iglesia que intentó eso y no le funcionó.

Aun si tú mismo te encuentras expresando esta clase de sentimientos, hay esperanza. Ezequiel 37.1-14 nos dice que Dios puede darle aliento de vida a huesos muertos. No tenemos limitaciones y nada que temer, porque tenemos el apoyo de Dios: «Pues todo lo puedo hacer por medio de Cristo, quien me da las fuerzas» (Filipenses 4.13, NTV). De hecho, Romanos nos dice que Jesús ya nos ha ayudado a vencer: «En todo esto somos más que vencedores por medio de aquel que nos amó» (Romanos 8.37). Hemos sido llenos con la fuerza del mismo Dios que creó la creatividad, por eso podemos gritar: «¡Sí, claro que puedo!».

PREGUNTAS SIN HACER

Si no lo has hecho ya, busca y lee una copia del libro del Dr. Seuss, *Hooray for Diffendoofer Day*, y luego aborda las preguntas que hace Jeff White en la página 40. Después considera las siguientes preguntas:

1. Toma el problema o la oportunidad en que has estado trabajando y ahora míralo como un niño de 10 años lo podría ver. ¿Qué preguntas haría un niño de diez años?
2. ¿Cuánto tiempo hace que no te tomas quince minutos para caminar seis metros?
3. ¿Cómo ahogan la creatividad algunas iglesias?
4. ¿Qué miedos tienes cuando piensas en intentar algo nuevo?
5. ¿Alguna vez has tratado de convertir a tus alumnos en tus clones espirituales en lugar de animarles a convertirse en todo lo que Dios quiere que sean?

3

ESTUPIDEZ,
VACAS SAGRADAS Y ENTUSIASMO SANTO

Si queremos ser creativos en el ministerio, necesitamos correr algunos riesgos. Todos conocemos personas que escogen la seguridad y la precaución hasta el extremo que se encarcelan y limitan profundamente sus experiencias de vida. Pero algunas veces nuestros intentos de ser ingeniosos y electrizantes pueden ir muy lejos, cruzando la línea de la creatividad y pasando a una clara tontería. A pesar de que algunas veces pueda verse como una línea muy delgada, es importante encontrar el equilibrio...

    ...entre la libertad y la seguridad
    ...entre el riesgo y la seguridad
    ...entre el valor y la imprudencia
    ...entre la creatividad y la insensatez

Esto es verdad especialmente cuando queremos traer actividades más grandes y creativas al grupo de jóvenes. Algunas veces puede ser un reto hallar el equilibrio.

Por ejemplo, piensa en el líder de jóvenes que vino a pedir esa vacante hace muchos años y estaba entusiasmado por llevarse bien con sus estudiantes. Compró dos docenas de huevos y se llevó a cuatro de los estudiantes de paseo en su coche a la parte baja de Atlanta, animándoles a lanzarles huevos a los transeúntes. Lo arrestaron y perdió su trabajo en un mes. ¡Estúpido!

O ¿qué tal el líder de jóvenes que estaba manejando una camioneta llena de jóvenes de la escuela secundaria en un viaje por todo el país? A lo largo del camino comenzaron a hacer apuestas locas que se hacían cada vez más ridículas. Finalmente los jóvenes y su líder hicieron una apuesta que requería que el perdedor se bajara el pantalón y permaneciera así hasta que terminaran de llenar la camioneta con gasolina. El líder de jóvenes ganó la apuesta, así que los doce jóvenes se quitaron todo excepto su ropa interior, mientras el líder de jóvenes adulto con su ropa puesta conducía por la carretera. Todos se reían tan fuerte que el líder de jóvenes no se dio cuenta de cómo la velocidad se incrementaba hasta que vio las luces rojas resplandecientes del carro de policías detrás de él. ¡Estúpido!

Déjame contarte una metedura de pata estúpida que hice en mis primeros años en el ministerio juvenil. Acababa de llegar a trabajar como líder de jóvenes de medio tiempo en una iglesia en el Sur de California. Noté que el salón de jóvenes estaba pintado sombríamente, con un color blanco como el de un hospital, y les sugerí a los jóvenes que lo pintaran.

ESTUPIDEZ, VACAS SAGRADAS Y ENTUSIASMO SANTO

Recolecté botes de pintura donada y reuní a los jóvenes a las siete de la mañana del siguiente domingo. Cuando los jóvenes no se podían organizar para ver de qué color pintar el salón, tomaron una decisión «creativa». Pintarían cada pared de un color diferente. Después de pintar una pared de color blanco, otra de color negro y las últimas dos de azul y rojo, mis jóvenes y yo limpiamos y nos fuimos a buscar el desayuno. Misión cumplida.

Solo había un problema: no me percaté de que otro grupo se reunía en ese salón los domingos por las mañanas, mientras el grupo de jóvenes estaba en la primera reunión de adoración. El otro grupo era el de adultos de la tercera edad.

> «Hay una línea delgada entre la genialidad y la insensatez. Yo he borrado esa línea».
>
> OSCAR LEVANT

> «¿Sabes? Dentro de cada uno de nosotros hay un insensato; un aturdido, presuntuoso, disparatado, audaz, imprudente, espontáneo, irreflexivo, necio temerario al que amarraron hace mucho tiempo y lo encerraron en el sótano. Si quieres ver un verdadero insensato en acción, mira a un niño indisciplinado (¡mientras más indisciplinado, mejor!), inconsciente de los conceptos del buen comportamiento, movido por la galopante curiosidad e inocente codicia, la cruda genialidad, determinación, tropezando firmemente hacia un descubrimiento doloroso y maravilloso. Inspirado, ungido, entusiasta, malhumorado».
>
> GORDON RAY MACKENZIE, *ORBITING THE GIANT HAIRBALL*

Durante la primera reunión de adoración me senté sonriente en la primera fila. Me sentía orgulloso del trabajo que mis jóvenes habían logrado, hasta que el pastor general se deslizó en la silla que estaba a mi lado y me dijo que el grupo de la tercera edad estaba realmente molesto. «Ya puedes despedirte de tu trabajo», murmuró. «No puedo salvarte. Eres hombre muerto».

Tímidamente, salí del servicio e inmediatamente fui a la clase de adultos de la tercera edad. Pensé que sería un movimiento atrevido, dadas las circunstancias. Entré al salón y antes de que pudieran decir algo, pregunté si habían notado que el salón había sido pintado. Sí lo habían notado. Luego les conté lo emocionado que estaba de trabajar en una iglesia en la que los adolescentes eran tan espirituales.

Rápidamente les expliqué que la pared de la izquierda era azul para simbolizar el cielo. La pared detrás de ellos era negra, representando el pecado, y les indiqué cómo pondríamos las sillas para que no vieran esa pared. La pared enfrente de ellos era blanca, que indicaba la pureza. Y la pared roja en la derecha simbolizaba la sangre de Cristo.

¿Qué podían decir? Esos colores permanecieron en ese salón durante catorce años, mucho después de haber dejado yo la iglesia. Nadie pudo pintar sobre la sangre de Jesús.

Ahora, no estoy recomendando que un líder de jóvenes mienta ante un salón de adultos. Los líderes de jóvenes pueden ser un grupo impulsivo. Algunas veces tienes que tomar ventaja de las oportunidades y mantenerte al ritmo de los jóvenes. Pero en retrospectiva creo que debí haber pedido permiso. Debí haber consultado con algún supervisor, pero no lo hice. ¡Estúpido!

No puedes llevar a cabo el ministerio sin correr riesgos, pero deben ser riesgos prudentes, riesgos calculados. El fracaso es aceptable, siempre y cuando este no se convierta en un hábito. Hay un límite en los errores que un ministerio puede absorber. De la misma manera que las tres palabras clave en bienes raíces son ubicación, ubicación y ubicación, con las ideas creativas suele ser tiempo, tiempo y tiempo.

> «La Empresa Electrolux Vaccum Cleaner, una corporación privada con sede en Finlandia, estaba tratando de entrar al mercado norteamericano. Tenían suficientes personas dentro del personal que hablaban inglés, pero ninguno era estadounidense. Su eslogan de marketing para el estadounidense decía: "Si apesta, tiene que ser un Electrolux"».
>
> JOHN MEDINA, *EXPRIME TUS NEURONAS*

VALORA LA TRADICIÓN, PERO TEN CUIDADO CON LAS VACAS SAGRADAS

Echo de menos las canciones temáticas de la televisión. Ya no hay más, o por lo menos ya no son tan memorables. Esas pequeñas melodías se abrían paso hasta tu cabeza y se establecían allí de por vida. Solían presentar personajes, establecer tramas, o ponerle humor y dar la pauta a un programa.

Hoy en día los productores de televisión no usan los temas musicales de la misma forma. Creen que la audiencia actual necesita algo diferente. Tal vez tengan razón, pero extraño esos temas musicales tradicionales.

Una de las canciones más famosas en el musical *El violinista del tejado* celebra la importancia y el valor de la tradición. No podría estar más de acuerdo con eso. Debemos apreciar el pasado y lo que ha ocurrido antes de nosotros, especialmente en la iglesia. Hay un gran valor en conocer nuestro pasado y tratar con afecto muchas de las tradiciones en un ministerio.

Pero algunas veces hay «vacas sagradas» en nuestros ministerios que necesitan ser revisadas. Como dice el viejo dicho: «Las vacas sagradas dan filetes grandes». Hay momentos en los que los ministros apasionados tienen que estar dispuestos a sacrificar algunas vacas sagradas. Me refiero a partes del ministerio que ya no son más efectivas, o que ya no están alcanzando a los adolescentes, o que han dejado de ser útiles.

ESTUPIDEZ, VACAS SAGRADAS Y ENTUSIASMO SANTO

Se ha dicho que una definición de demencia es «hacer lo mismo que hiciste ayer y esperar resultados diferentes hoy». Todos sabemos que la mayoría de las iglesias tienen algunas vacas sagradas. ¡Tal vez es hora de asar algunas de esas novillas santas!

Estas son solo unas cuantas «vacas sagradas del ministerio juvenil» que he descubierto cuando imparto seminarios a pastores de jóvenes alrededor del país. Espero que estos ejemplos te hagan comenzar a pensar en algunas de las tradicionales «vacas sagradas» en tu propio ministerio:

- Programa que debes usar en esta iglesia
- Campamentos a los que debes asistir
- Salones que puedes y que no puedes usar
- Lugar y hora en que siempre se tienen reuniones
- Programas de principio de año que siempre tenemos

Necesitas inspeccionar todo tu ministerio periódicamente y preguntarte si los muchos programas y técnicas que estás usando siguen siendo efectivos. Hazte esta pregunta: «¿Por qué se creó este programa, concepto, proyecto o idea?». Y luego continúa preguntándote: «¿Siguen existiendo esas razones?». Si la respuesta para alguna es «no», entonces es hora de replantearse esa estrategia y tal vez sea el momento de eliminarla por completo.

Antes de seguir, déjame contarte una idea relacionada con esto que se ha convertido en una parte esencial de la filosofía de mi ministerio. No importa lo creativa o emocionante que pueda ser una nueva idea; necesito averiguar cuál de mis responsabilidades actuales voy a soltar antes de adquirir algo nuevo. Como muchos otros pastores de jóvenes, mi plato ya está lleno; así que antes de agregar otro proyecto o responsabilidad, o delego la responsabilidad de algo que estoy haciendo actualmente, o pregunto: «¿Qué cosas viejas necesitan irse a fin de hacer espacio para algo nuevo?».

NO ES LA EDAD, SINO LA ACTITUD

Piensa en el siguiente titular de un periódico de hace algunos años: «El trabajador más viejo de los Estados Unidos, de ciento dos años, dice que el trabajo sigue siendo un placer». Se cuenta la historia de Milton Garland, que había trabajado para la compañía Frick de Waynesboro, Pennsylvania, por setenta y ocho años. «Amo el trabajo que hago», dijo Frick.

La misma actitud puede verse en lo que es prácticamente el extremo opuesto en lo que a la edad se refiere. Richard Barton, fundador del servicio de viajes en línea Mi-

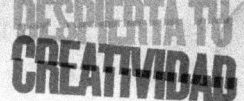

crosoft Expedia, tenía alrededor de veinte años cuando dijo de su propio trabajo: «El trabajo no es trabajo, sino un hobby por el que te pagan».

Wayne Dennis una vez estudió las vidas de setecientos treinta y ocho científicos creativos y concluyó que la edad no inhibe la creatividad. La investigación de Dennis incluía expertos y artistas que aún trabajaban de manera creativa después de los setenta y nueve años de edad. Dennis sugirió que el vigor juvenil no parecía jugar un gran papel en la creatividad. Parece ser que la edad realmente no importa a menos que seas queso.

Miguel Ángel trabajó en el diseño arquitectónico para el domo de la Basílica de San Pedro de los setenta y dos a los ochenta y ocho años de edad. La actriz francesa Sarah Bernhardt perdió una pierna cuando tenía casi setenta años, pero continuó actuando en escena hasta su muerte a los setenta y ocho. El arquitecto Frank Lloyd Wright terminó su diseño del museo Guggenheim en Nueva York a los noventa y un años de edad. Agatha Christie supervisó la producción de su película *Asesinato en el Orient Express* a los ochenta y cuatro. Estos ejemplos expresan claramente que las personas pueden seguir siendo creativas incluso a edad avanzada.

Hace muchos años cuando estaba hablando en una convención de Especialidades Juveniles en Atlanta, entrevisté a Evelyn McClusky, fundadora del Miracle Book Club [El Club del Libro de Milagros]. Quería hablar con Evelyn porque, a la edad de ciento cuatro años, era la líder de jóvenes más anciana del mundo. ¡Que alegría hablar con esa mujer tan maravillosa! Cuando la entrevisté, aún caminaba fuerte con la ayuda de una persona, ¡y la mujer que la cuidaba tenía setenta y cinco años! La mente de Evelyn todavía bullía; era muy perspicaz. Fue difícil conseguir que hablase de ella, pues todo lo que quería decir era acerca de Jesús. ¡Que bueno es eso!

> «Recomiendo mucho leer libros escritos por grandes hombres y mujeres del pasado, y no solamente literatura nueva y popular con los pensamientos más recientes. La razón por la que recomiendo leer libros del pasado no es porque lo tengan todo, pues tienen sus puntos ciegos así como nosotros tenemos los nuestros. La diferencia es que ellos no tenían los mismos puntos ciegos».
>
> C. S. LEWIS

> «La vida no se mide por las veces que respiramos, sino por los momentos que nos quitan la respiración».
>
> ANÓNIMO

Durante los años cuarenta, Evelyn había comenzado una reunión de estudio bíblico para adolescentes. Cuando le pregunté por qué decidió llamar el grupo «El Club del Libro de Milagros», me dijo que fue porque los jóvenes que ella estaba tratando de alcanzar no asistirían si ella lo llamaba un estudio bíblico. En su mejor época había mil Clubs del Libro de Milagros por todos los Estados

ESTUPIDEZ, VACAS SAGRADAS Y ENTUSIASMO SANTO

Unidos, muchos de ellos dirigidos por mujeres. Los fundadores de Vida Jóven y Juventud para Cristo fueron parte de estos clubs cuando eran adolescentes.

El ministerio de Evelyn se construyó sobre la idea de dirigir cualquier conversación a Jesús. Ese día le pregunté cuáles eran sus metas para el futuro, y me dijo que quería terminar de escribir su vigésimo libro y luego morir. Y eso fue exactamente lo que hizo; murió a la edad de ciento seis años.

> Nunca olvidaré la primera vez que hablé en una reunión de la iglesia. Me había convertido en cristiano a la edad de dieciséis años y había predicado en las calles en Sunset Strip, en Hollywood, pero nunca había hablado en una iglesia. La universidad cristiana a la que asistía enviaba alumnos a hablar en las iglesias del vecindario los domingos por las tardes. La primera vez que me pidieron que hiciera eso, estaba extremadamente nervioso. Una chica de la universidad fue conmigo para cantar algo especial.
>
> Había quince o veinte asistentes esa calurosa noche de septiembre. Comenzaron la reunión cantando un himno que a mí no me gustaba: «Tierra de Beula». (Nunca pude entender por qué me querría ir a un lugar llamado Tierra de Beula, y algunas de las palabras parecían muy negativas, como: «En el nombre de Dios nos retiramos».) Para cuando el himno terminó, yo ya estaba transpirando.
>
> La otra alumna de la universidad se levantó para dar su presentación musical especial. Ella también estaba nerviosa. Se le atascó un tacón en un calefactor viejo que había en el pasillo central y se cayó de espaldas, aplastando su vestido y su orgullo. Pero se levantó y terminó su canción, y luego me tocaba a mí hablar.
>
> Moría del miedo. En la banca justo en frente de mí estaba un hombre de cabello gris (se veía como yo me veo ahora). Cuando me levanté para hablar, me agarré del respaldo de esa banca, sin darme cuenta que no estaba sujeta al suelo. La banca se dio vuelta, tirando al hombre al suelo. Lo levanté y le limpié la ropa, me disculpé mucho y caminé hacia el estrado.
>
> Había preparado cuatro bosquejos diferentes para mi sermón, y finalmente me decidí a dar un mensaje acerca del apóstol Pedro. Yo hablo rápido, incluso cuando estoy calmado, y definitivamente no estaba calmado esa tarde. Di mi «mensaje de Pedro» completo en tres minutos. Eso parecía muy corto, así que comencé a hablar de mi segundo bosquejo. Después de once minutos ya había unido los cuatro bosquejos que tenía. Cuando terminé de hablar quería salir gateando del edificio. Concluí que Dios me usaría mejor como un asistente de gerencia en una gasolinera.
>
> En mi camino hacia la salida, una mujer anciana me tomó del brazo. Estaba preparado para lo peor. Mirándome a los ojos dijo: «Hijo, ¡ha sido tremendo! Lo has hecho mejor que el apóstol Pedro».
>
> Cualquiera que tuviese la mitad del cerebro pudo haber listado 400 cosas que hice mal esa noche. Pero esta mujer fue tan alentadora que salí de esa iglesia pensando: «Billy Graham, ¡hazte a un lado, allá voy!».

Si alguna vez ha habido un salón de la fama del ministerio juvenil de este lado del cielo, Henrietta Mears es otro héroe de la fe que pertenece a ese lugar. Henrietta era una mujer alta de lentes gruesos, vestido rojo, y usaba sombreros extravagantes y muchos anillos. Comenzó a trabajar con adolescentes cuando era estudiante de la Universidad de Minnesota. Luego se convirtió en la directora académica de la Iglesia Presbiteriana en Hollywood. Incluso a una edad avanzada dirigió un estudio bíblico de domingo con quinientos estudiantes universitarios. Cuando hablaba era apasionada y atrayente.

Henrietta fue mentora de Dick Halverson, quien se convirtió en capellán del Senado de los Estados Unidos. Fue consejera de Bill y Vonette Bright, fundadores de Campus Crusade. Tuvo influencia directa en la vida de Bob Munger, uno de mis profesores en el Seminario Teológico de Fuller y autor del librito popular *Mi corazón, hogar de Cristo*. Como maestra de Escuela Dominical, Henrietta pensó que el plan de estudios disponible en sus días era poco atractivo, así que escribió el suyo, y en 1933 fundó la editorial Gospel Light Publishing. Seis años después estableció el centro de conferencias cristiano Forrest Home. Murió al final de los años sesenta. Billy Graham habló en su funeral y comentó que, a excepción de su madre y su esposa, ninguna otra mujer había tenido tanta influencia en su vida, y agregó: «Es una de las más grandes cristianas que he conocido».

Las personas continúan siendo creativas después de llegar a la tercera edad. Es cierto que nuestros cerebros pierden células a medida que crecemos, pero nuestros cuerpos lo compensan con células cerebrales que nacen de continuo, incluso a una edad avanzada. Aunque un sistema circulatorio envejecido pueda reducir el suministro de sangre que trae oxígeno y glucosa a tu cerebro, hacer ejercicio que eleve el ritmo cardiaco con regularidad puede ayudarte a mantener tus habilidades cognitivas en la vida. Incluso si eres viejo y nunca antes te has ejercitado, los estudios muestran que puedes mejorar drásticamente tu circulación en tan solo unos cuantos meses.

ENTUSIASMO APASIONADO

Solo una prueba del coeficiente intelectual no puede predecir con exactitud quién va a ser creativo. Las personas creativas se enfocan en buscar los problemas correctos, no solo las respuestas correctas. Robert Sternberg, de la Universidad de Yale, muy conocido en el campo de la creatividad, dice que el coeficiente intelectual juega un papel menor en la creatividad y otros aspectos importantes de la vida que cosas como la personalidad, la experiencia y los factores socioeconómicos. Muchos estudios han mostrado que las personas más inteligentes no siempre son las más creativas. La motivación y el dinamismo también son parte importante de la creatividad. Una persona motivada estará buscando alternativas y nuevas posibilidades cuando todos los demás estén satisfechos con la opción obvia. La motivación puede significar pasar cinco horas a la semana tratando de buscar una mejor forma de hacer algo, cuando otros solo pasan cinco minutos.

La motivación más efectiva es la intrínseca, la que viene de adentro. Si la motivación intrínseca está elevada, si estamos apasionados por lo que estamos haciendo, la creatividad fluirá. Las personas internamente motivadas parecen estar encendidas, estimuladas, animadas, electrizadas, y reavivadas. Las expectativas externas y las

ESTUPIDEZ, VACAS SAGRADAS Y ENTUSIASMO SANTO

recompensas pueden matar la motivación intrínseca y así matar la creatividad. Cuando la motivación intrínseca cae, también cae nuestra disposición para explorar nuevas avenidas y diferentes ideas.

> El entusiasmo es contagioso. Hace muchos años estaba volando de Los Ángeles a Cincinnati haciendo escala en Dallas. Cuando abordamos el avión vi dieciséis mujeres esparcidas por todo el avión que vestían sombreros de paja de color rojo, blanco y azul. Una de ellas se sentó a mi lado. Pensé que los sombreros eran un poco inusuales, pero pronto los olvidé, hasta que la chica a mi lado se levantó y caminó hacia el frente del avión en donde todo estaba lleno.
>
> Ella volteó su rostro hacia los pasajeros y dijo: «Señoritas, ¿estamos listas?». De repente, esas mujeres comenzaron a cantar: «Tengo el entusiasmo de Mary Kay aquí en mi corazón...». ¡Quedé perplejo!
>
> Luego la líder les dijo a todos: «Suelten sus bebidas». Un hombre de negocios de cabello gris de cincuenta y cinco años soltó su bebida. ¡Me moría de la risa! Luego la líder de Mary Kay hizo que todo el avión aplaudiese mientras las chicas cantaban esa cancioncita.
>
> Cuando finalmente ella se sentó, yo estaba mudo. Durante el resto del vuelo pensé: Si estas mujeres están así de entusiasmadas por los cosméticos de Mary Kay, ¿cuánto más entusiasmado debería estar yo de trabajar con los hijos de Dios?

Las personas creativas tienen una pasión ardiente que los lleva a alcanzar lo que parece imposible, sin importar la edad; son entusiastas. La palabra griega *enthousiasmos* significa «Dios dentro de ti». Si eres cristiano, Dios está dentro de ti; por lo tanto, no puedes evitar estar entusiasmado con tu misión en la vida.

La forma más efectiva de darle una palmadita a la creatividad de las personas que se relacionan con nosotros en nuestro ministerio es animar su pasión por la tarea que realizan. La creatividad, la pasión y el entusiasmo se desarrollan en una atmosfera de optimismo y confianza en el futuro.

El libro de Hechos muestra lo entusiasmados que eran los primeros cristianos. Por ejemplo: «Nosotros no podemos dejar de hablar de lo que hemos visto y oído» (Hechos 4.20). Espero que le des gracias a Dios cada día que te ha permitido ser un líder de jóvenes. Sé que hay días en los que sientes que quieres tirar la toalla, pero recuerda: el trabajo con jóvenes no es una carrera de cien metros planos. Y recuerda estas palabras del apóstol Pablo: «¿No saben que en una carrera todos los corredores compiten, pero solo uno obtiene el premio? Corran, pues, de tal modo que lo obtengan» (1 Corintios 9.24).

PREGUNTAS SIN HACER

1. ¿Qué cosas has dicho o hecho que «cruzaron la línea» de la creatividad a lo tonto o imprudente?

2. ¿Qué vacas sagradas hay en tu iglesia y ministerio que ya no sirven? ¿Qué puedes hacer al respecto?

3. ¿Qué estás dispuesto a entregar o dejar antes de crear algo nuevo?

4. ¿En qué punto se convierte algo en demasiado viejo para el ministerio juvenil?

5. ¿De qué manera sientes que Dios está trabajando en ti?

6. Describe a una persona mayor que aún está fuerte y muestra el amor de Dios para los jóvenes, y que sigue buscando ideas creativas para alcanzarlos y ministrarlos. ¿Qué puedes aprender de esta persona?

7. ¿Qué te emociona? ¿Qué te enciende?

8. ¿Estás entusiasmado por el ministerio? ¿Por qué sí o por qué no? especto?

4

DIEZ CUALIDADES DE LOS LÍDERES DE
JÓVENES CREATIVOS

Creo que Dios realmente desea tocar tu ministerio juvenil para que tu trabajo con la juventud esté creciendo continuamente y refleje la imagen de Jesús de forma más completa. No importa lo grande que sea hoy tu ministerio, no importa lo buenos que sean tus programas y estrategias, no importa lo genuina que sea tu comunidad; siempre hay un espacio para el crecimiento y el cambio. Dios no solamente desea convertirnos en las personas que él diseñó, también desea transformar nuestros ministerios en lo que él planeó que sean. Aquí hay algunas de las formas en las que creo que Dios quiere que nuestros ministerios sean transformados...

DE:	A:
Hacer que los jóvenes vengan a la iglesia	Hacer que los jóvenes estén en la iglesia
Enfocarnos en el entretenimiento	Enfocarnos en capacitar y equipar
Adultos voluntarios como chaperones	Adultos voluntarios como pastores
Líderes estudiantes como observadores	Líderes estudiantes como compañeros ministros
Estructura basada en un calendario	Estructura basada en la comunidad
Éxito medido por números	Éxito medido por el alcance

Pero para hacer que nuestros ministerios se conviertan en lo que Dios desea que sean, debemos estar dispuestos a cambiar. Nuestros ministerios deben decir ¡Sí! al Espíritu transformador de Dios. Juan 3.8 nos dice que el Espíritu de Dios es como el viento que «sopla por donde quiere». No puedes poner a Dios dentro de una caja. Tampoco puedes poner a las personas creativas en una caja.

Los ministerios creativos requerirán líderes a los que les guste correr riesgos, que estén dispuestos a fracasar, que tengan mentes exploradoras, modelos de la chispa creativa de Dios. Los ministerios creativos apoyarán, fomentarán y apreciarán el asombro infantil. Estos ministerios hacen espacio para lo único y lo extraño. La mayoría de los jóvenes son por lo regular un poco extraños: no encuentran un lugar en los ministerios que están comprometidos con el conformismo. Aunque los jóvenes que siguen su propio compás a veces pueden volver locos a sus líderes, los mismos pueden impulsar sus ministerios a servir a Dios en nuevas formas que nunca podríamos descubrir por nosotros mismos.

En este capítulo describo cualidades que he encontrado en los líderes de jóvenes más creativos y en sus ministerios. Mi meta no es hacerte sentir culpable si crees que te falta algo de esto o estas cualidades, sino motivarte a encontrar formas para despertar estas cualidades y características en tu vida y ministerio. Y si eres afortunado de tener estas cualidades, espero que este capítulo te ayude a encontrar maneras

DIEZ CUALIDADES DE LOS LÍDERES DE JÓVENES CREATIVOS

nuevas y mejores de usarlas y ayudar a tu ministerio a convertirse en todo lo que Dios quiere que sea.

LOS LÍDERES DE JÓVENES CREATIVOS SE CONOCEN A SÍ MISMOS.

El tema musical de la serie de televisión CSI viene del clásico grupo de rock The Who. La canción de inicio hace la pregunta: «¿Quién eres?», y la pregunta se repite a lo largo de la canción:

> ¿Quién eres?
> ¿Quién, quién, quién, quién?
> ¿Quién eres?
> ¿Quién, quién, quién, quién?

Un líder de jóvenes creativo sabe quién es. Un líder de jóvenes creativo conoce el lente a través del cual se ve el mundo. Los líderes de jóvenes creativos conocen muy bien sus fortalezas, sus debilidades y lo que los hace realmente tontos.

A principios del siglo veintiuno, el psicólogo Carl Jung descubrió que las personas tenían ciertas preferencias en sus estilos de aprendizaje. Por ejemplo, Jung observó que...

- Algunas personas son intuitivas, otras son más visuales.
- Algunas confían primeramente en sus pensamientos; otras confían en sus sentimientos.
- Algunas son extrovertidas; otras son introvertidas.

Probablemente estés familiarizado con estos términos si alguna vez has tomado el test de Myers Briggs: una evaluación de personalidad que más tarde desarrollaron otros investigadores, contribuyendo así al trabajo de Jung. Si no estás familiarizado con esta herramienta de evaluación, te animo a que la pruebes. Saber en dónde te encuentras en estos aspectos te puede dar una mejor idea de quién eres y te ayudará a ser más eficaz en el ministerio.

Pero no solo es importante saber quién eres, sino también quiénes son tus jóvenes y tus líderes adultos. La próxima vez que estés con tu equipo o tus jóvenes, trata de preguntarles qué animal los describe mejor, y luego ve por todo el salón y pídeles que expliquen por qué escogieron ese animal en particular.

También es esencial conocer el propósito de tu ministerio. Una de las preguntas más importantes que cualquier pastor de jóvenes puede hacer es: «¿Cuál es el propósito de mi ministerio de jóvenes?». Al principio puede parecer una pregunta simple, pero realmente es una pregunta difícil. Piensa en esto: ¿Para qué existe tu ministerio?

Bell Telephone, la primera empresa de telefonía en los Estados Unidos, luchó contra esta pregunta hace más de 100 años; y ciertamente parecía una pregunta tonta para algunas personas. ¿Qué podía ser más obvio que el negocio telefónico a finales de los 1880? Pero Theodore Vail fue despedido por la empresa en 1890 cuando se atrevió a preguntarle a la junta directiva: «¿Cuál es nuestro negocio?». Una década después, cuando las consecuencias de la falta de una respuesta se habían hecho evidentes, lo volvieron a llamar. El sistema Bell, operando sin una clara definición, había caído en una crisis severa y se veía amenazado por una absorción del gobierno. La respuesta de Theodore Vail fue: «Nuestro negocio es servir, no los teléfonos». Esa respuesta trajo muchas innovaciones radicales en las políticas empresariales de Bell Telephone, entre ellas la capacitación de empleados y una publicidad que hacía énfasis en el servicio.

Fred Smith, fundador de Federal Express, desarrolló una empresa de éxito porque entendió la esencia de su empresa. Él la describió como la entrega de tranquilidad, no solo el transporte de bienes.

Si quieres que tu trabajo con los jóvenes sea más creativo y lleno de vida, es importante saber quién eres y cuál es el propósito de tu ministerio.

PREGUNTAS SIN HACER

1. ¿Qué es lo que más te describe en general y por qué?

En casa
- ¿Llave o candado?
- ¿Lápiz o pluma?

En el trabajo o en la escuela
- ¿Microscopio o telescopio?
- ¿Comedia o drama?

En la iglesia
- ¿Mensaje de texto o carta escrita a mano?
- ¿Violín o tuba?

DIEZ CUALIDADES DE LOS LÍDERES DE JÓVENES CREATIVOS

Siendo creativo
- ¿Bicicleta o monopatín?
- ¿Cuchillo o tenedor?

2. ¿Cómo describirías tu ministerio? ¿Cuál es su objetivo? ¿Por qué existe tu ministerio?

LOS LÍDERES DE JÓVENES CREATIVOS REÚNEN A UNA DIVERSIDAD DE PERSONAS Y APRECIAN LOS DONES DE TODOS.

¿Crees que uno más uno pueden ser mejor que dos? Cuando las personas combinan sus dones y habilidades, el producto final puede ser más que la simple suma de sus esfuerzos individuales. Cada persona tiene su propio valor y mérito, pero cuando las personas se reúnen y se animan a usar los dones que Dios les dio, sucede algo que es casi místico. Cuando las personas trabajan juntas, se apoyan el uno al otro, y crean a partir de ideas mutuas; el producto final es más grande, más creativo, más efectivo que lo que cualquiera de ellos podría haber producido solo. Parece desafiar la explicación, pero el conjunto es de algún modo más grande que la suma de sus partes. El Centro de Investigación Xerox de Palo Alto (PARC por sus siglas en inglés) ha dado a luz una enorme cantidad de ideas creativas. Uno de los esfuerzos más inusuales de PARC es su programa de residencia para artistas, el cual pone a trabajar en pares a artistas y expertos informáticos. Estas parejas han producido tecnologías inusuales de multimedia que un científico no podría concebir por sí mismo.

> «El Llanero Solitario: la encarnación del que resuelve problemas individualmente, es la muerte».
>
> WARREN BENNIS, *ORGANIZING GENIUS*

> «Cuando falta el consejo, fracasan los planes; cuando abunda el consejo, prosperan».
>
> PROVERBIOS 15.22

O pensemos en el éxito de Tommy Hilfiger: ¿Cómo puede un hombre blanco y mayor de Connecticut que diseña ropa de escuela preparatoria, ser durante años uno de los diseñadores más populares en la zona urbana de negros en los Estados Unidos? Bien, él integró su equipo de diseño con una diversidad de personas: artistas de hip-hop, patinadores, artistas del grafiti y otros de una amplia gama de orígenes culturales y étnicos.

Cuando Jerry Hirshberg estableció por primera vez Nissan Design International Studios en San Diego, se desafió a diseñar la organización para la creatividad. Él resistió la tentación de seleccionar únicamente personal cuyos dones igualaran los suyos:

altamente intuitivos, con un punto de vista amplio, visuales, pensadores del hemisferio derecho; y en lugar de eso contrató deliberadamente a unos cuantos individuos de hemisferio izquierdo que buscaran la estructura y siempre preguntaran «por qué» antes de seguir. Al principio estos individuos le molestaban; parecían ser «anticreativos» y sentirse amenazados por lo novedoso. Sin embargo, pronto se dio cuenta de que simplemente se acercaban a la mesa con un conjunto diferente de preparativos y expectativas.

El mensaje para nosotros en el ministerio es reclutar y dar la bienvenida a las contribuciones de las personas que no son como nosotros. Hay muchos tipos de diversidad: económica, generacional, racial y étnica, de género y teológica. Estas son solo algunas. Nuestros ministerios se fortalecerán a medida que incluyamos gente nueva, ideas y conceptos con los cuales no estamos familiarizados. Debemos ser intencionales para desarrollar una comunidad en la que la diversidad no solamente se tolera, sino que también se valora y se celebra.

> «Los Medici fueron una familia de banqueros en Florencia en el siglo 15 que financiaron a creadores de una amplia gama de disciplinas. Gracias a esta familia y algunas otras como esta, escultores, científicos, poetas, filósofos, financieros, pintores, y arquitectos se reunieron en la ciudad de Florencia. Allí se encontraron el uno al otro, aprendieron el uno del otro y rompieron las barreras entre disciplinas y culturas. Juntos forjaron un nuevo mundo basado en nuevas ideas, lo que vino a ser conocido como el Renacimiento. Como resultado, la ciudad se convirtió en el epicentro de la explosión creativa, una de las eras más innovadoras en la historia. Los efectos de la familia Medici aún pueden sentirse hoy en día».
>
> FRANS JOHANSSON, *THE MEDICI EFFECT*

Por supuesto, simplemente reclutar personas que son diferentes de lo normal para tu grupo, no garantiza la producción creativa en sí misma, especialmente si estás agregando personas que solo tienen apariencia diferente. El objetivo no es incorporar gente cuyas perspectivas diferentes irriten a los miembros actuales del grupo y causen conflicto, pero darle la bienvenida a la diversidad puede tener un impacto de gran alcance en tu equipo de ministerio juvenil. Puede ayudarte a alcanzar jóvenes de formas que nunca podrías haber imaginado. Puede iniciar una manera nueva de ver las actividades cotidianas.

En las artes hay una colaboración continua. Un ejemplo clásico es la obra maestra de Miguel Ángel en el techo de la Capilla Sixtina. En nuestra mente nos imaginamos a Miguel Ángel, casi igual a Charlton Heston, trabajando solo en un andamio muy alto en la capilla. Pero el historiador William E. Wallace dice que 13 personas colaboraron con Miguel Ángel en la Capilla Sixtina.

Otro gran ejemplo de trabajo en equipo y colaboración son los gansos. La próxima vez que veas a los gansos volar en forma de V, piensa en lo que la ciencia ha des-

DIEZ CUALIDADES DE LOS LÍDERES DE JÓVENES CREATIVOS

cubierto sobre por qué vuelan en esa forma, y lo que esto nos puede enseñar en cuanto al trabajo en equipo. Cuando los gansos vuelan juntos, cuando cada ave ondea sus alas, crea un levantamiento para el ave que le sigue. Volando en forma de V, el alcance de vuelo de la bandada completa suma por lo menos el setenta y uno por ciento más que si cada pájaro volara por su cuenta. Los gansos ahorran energía y llegan a donde quieren llegar más rápido y fácilmente porque están viajando con el empuje que se dan el uno al otro, algo así como los autos de carreras cuando se colocan el uno detrás del otro. Cuando un ganso se sale de la formación este siente el arrastre y la resistencia de tratar de ir solo, y rápidamente regresa a la formación para tomar ventaja de la fuerza que genera el pájaro de enfrente. Si tenemos tanto sentido como un ganso, viajaremos junto a otras personas que van en la misma dirección.

> «Monet y Renoir pintaban a veces uno al lado del otro en el bosque de Barbizon. Sus obras de arte eran tan similares que Monet tenía que ver la firma para decir si era suya o de Reinor. Braque y Picasso también tenían una intensa creatividad colaboradora, que dio a luz al cubismo. Por muchos años se veían casi todos los días, hablaban constantemente acerca de su nuevo y revolucionario estilo, y pintaban tan similar como fuera posible. Incluso hasta vestían igual, con ropa de mecánico, y a manera de broma se comparaban como los hermano pioneros, los hermanos Wright (Picasso llamaba a Braque, Wilbourg). Luego Braque describió su interdependencia creativa como la de dos montañistas atados juntos».
>
> WARREN BENNIS, *ORGANIZING GENIUS*

Cuando el ganso líder en la formación se cansa, se coloca detrás y otro ganso toma el mando. Es conveniente tomar turnos cuando se hacen trabajos exigentes, ya sea que estemos hablando de personas que trabajan en un ministerio o de gansos que vuelan hacia el sur. Y así como los gansos graznan desde atrás para alentar a aquellos que van adelante, debemos alentar a nuestros líderes.

Si un ganso está muy exhausto o enfermo y tiene que retirarse de la bandada, ese pájaro no es abandonado. Uno o dos miembros más fuertes seguirán al ganso débil a su lugar de descanso y esperarán a que el ganso caído esté lo suficientemente bien como para volver a volar o muera. Solo entonces se lanzan por su cuenta, o con otra formación, para alcanzar a su grupo.

Otra forma de combinar el talento es obtener asesoría e información acerca de tu ministerio de personas que trabajan en diferentes áreas, obtener retroalimentación de muchas personas en cuanto a tus ideas. Personas diferentes pueden ayudarte a modificar y mejorar la idea inicial. El artista Leonardo da Vinci conoció y trabajó en varios proyectos con el teórico político Niccoló Machiavelli, incluyendo usar el desvío de un río como arma de guerra. El invento de William Shockley, el transistor, fue un acto de creatividad sorprendente, pero fue posible solo por su trabajo conjunto con otros dos: Walter Brattain y John Bardeen. En la música, pienso en la forma en la que los dúos de compositores como John Lennon y Paul McCartney, o Elton John y Bernie Taupin se elevaron a alturas que nunca podrían haber alcanzado si lo hubieran hecho solos.

Para hacer realidad la visión de su primera película de animación, Walt Disney reunió a un gran equipo de diversos talentos. El resultado fue su gran éxito: la película *Blanca Nieves y los siete enanitos.* Fue la habilidad de Disney para incluir personas con un amplio rango de dones y antecedentes, permitiendo que cada persona conservara su individualidad mientras la combinaba con otras, lo que creó la síntesis cooperativa que hizo realidad la visión de Disney.

Tener una variedad de personas en tu equipo es de gran valor, porque interactuar con esta diversidad de personas suele darnos un impulso mental. Piensa en un cohete espacial que acaba de comenzar a levantarse de su lanzadera. Cuando se requiere la mayor cantidad de energía es durante el despegue. Lo mismo sucede en el ministerio y en todos los otros esfuerzos creativos: lanzar la idea requiere más esfuerzo. Normalmente un grupo diverso de personas puede conseguir el éxito con menos esfuerzo que una persona que lucha sola.

> Gordon MacKenzie cuenta esta historia de un viaje que hizo con su jefe, para esquiar en el agua:
>
> «Mi último jefe en Hallmark, un hombre llamado Bob Kipp, se sentó al timón de una de las lanchas de la corporación. Yo estaba en el extremo de un cable de remolque sobre los esquís acuáticos. Pasamos nuestro tiempo juntos recorriendo el gran lago Hallmark. Kipp estaba tan seguro de quién era y de por qué estaba en donde estaba, y de dónde estaba la fuerza, que no le asustaba en absoluto el que yo esquiase formando un gran arco, hasta el punto de ponerme a la altura del barco y a veces incluso sobrepasarlo. Él sabía que yo no iba a comenzar a tirar del barco con él adentro. Simplemente no funciona de esa manera. La fuerza está en el barco. Pero al permitirme esquiar a su altura, en cierto sentido permitiéndome llevar la iniciativa, estaba desencadenando en mí una emoción por nuestra empresa que también iba a servir a nuestros objetivos compartidos».
>
> GORDON RAY MACKENZIE,
> *ORBITING THE GIANT HAIRBALL*

PREGUNTAS SIN HACER

1. ¿Crees que uno más uno puede ser mejor que dos cuando se trata de equipos?

2. ¿Cuándo ha experimentado sinergia tu equipo? ¿Cómo podrías facilitar una mayor sinergia en tu ministerio?

3. ¿Qué nivel de diversidad hay en tu equipo ministerial? ¿Cómo puedes incorporar una mayor diversidad?

4. ¿En qué se parece tu equipo a, o en qué difiere de, una formación de gansos en V? ¿Alguna vez permites a los demás que pasen al frente y lideren?

5. Pídele a cinco personas que trabajen en otras profesiones que te den sus ideas de un problema o una oportunidad. Habla con el maestro de tu hijo, tu vecino, el mesero de tu restaurante preferido, tu mecánico y tu contador. Descríbeles el problema o la oportunidad que estás enfrentando y pregúntales cómo lo abordarían ellos.

DIEZ CUALIDADES DE LOS LÍDERES DE JÓVENES CREATIVOS

LOS LÍDERES DE JÓVENES CREATIVOS HACEN MUCHAS PREGUNTAS.

Los líderes de jóvenes deben ser expertos en el arte de hacer preguntas. Las preguntas te ayudan a estimar tus desafíos y le dan una dirección consciente a tu forma de pensar. Hacer preguntas a otros hace que les pidamos su aportación y opiniones. Y cuando te haces una pregunta, te fuerzas a enmarcar un problema y buscar una solución.

El error más grande que la mayoría de nosotros comete cuando dirige discusiones es hacer muchas de las que el psicólogo H. Stephen Glen llama «preguntas cerradas». Las preguntas cerradas pueden responderse con una palabra, lo cual tiende a limitar la discusión. Por otro lado, las preguntas abiertas provocan una respuesta más completa.

A los niños pequeños se les suele hacer preguntas cerradas: «¿Cómo te ha ido hoy en la escuela?» o «¿Te has divertido?». Estas preguntas pueden responderse con un sí o un no, un gruñido o encogiendo los hombros. Cuando hacemos preguntas cerradas, realmente estamos diciendo: «Voy a reducirte a una respuesta cuidadosamente controlada para limitar mi exposición a tus pensamientos e ideas».

En lugar de hacer preguntas de sí y no, deberíamos hacer preguntas abiertas como: «¿Qué cosas te han ocurrido hoy?». Este tipo de pregunta, seguida de un interés por escuchar, resultará en un diálogo.

Aún disfruto viendo las repeticiones de la antigua serie sobre investigación criminal Columbo, a pesar de que he visto la mayoría de los episodios y por lo general sé cómo acabarán las cosas. Columbo es un detective interpretado por Peter Falk. Él es único en el hecho de que no soluciona un crimen buscando primeramente las pistas. Él lo resuelve haciendo preguntas, y muchas.

Si realmente queremos que nuestras preguntas obtengan respuestas de las personas, es importante pensar cuidadosamente cómo componerlas. Hace unos años, un fabricante líder de automóviles le pidió a sus empleados ideas de cómo podría ser más productiva la empresa, y recibieron algunas sugerencias. Más tarde hicieron la pregunta diciendo: «¿Cómo puedes hacer que tu trabajo sea más fácil?», y los inundaron de ideas.

Uno de los descubrimientos médicos más valiosos de todos los tiempos se dio cuando

Edward Jenner comenzó a hacer una pregunta diferente a todas las anteriores. En lugar de seguir preguntándoles a las personas por qué contraían viruela, Jenner preguntó por qué los trabajadores parecían no contraer la enfermedad. De esa pregunta vino la vacuna y el final para la viruela en el mundo occidental.

Las preguntas diferentes traen nuevas formas de ver el mismo problema viejo. Si alguna vez te has tomado el tiempo para observar las ruedas del tren, verás que son pestañeadas, esto significa que tienen un borde que previene que el tren se resbale y se salga del riel. Originalmente, las ruedas del tren no eran pestañeadas; en lugar de eso, eran las vías del tren las pestañeadas. Esto se produjo porque los expertos de seguridad del ferrocarril habían enmarcado la pregunta: «¿Cómo puede hacerse una vía más segura?». Después de producir cientos de miles de rieles caros con una pestaña de metal innecesaria, el problema fue redefinido con una nueva pregunta: «¿Cómo podemos hacer las ruedas del tren para que permanezcan en el riel de manera más segura?». El resultado fue la rueda pestañeada, una solución menos cara.

Una manera simple de cambiar tu pregunta es sustituyendo el verbo. Por ejemplo, si estás enfocado en incrementar la asistencia a las actividades de jóvenes, tal vez puedas hacer las siguientes preguntas:

- ¿Cómo podemos atraer a los jóvenes?
- ¿Cómo podemos discipular a los jóvenes?
- ¿Cómo podemos conservar a los jóvenes?
- ¿Cómo podemos hacer que regresen los jóvenes?
- ¿Cómo podemos dirigirnos a los jóvenes?
- ¿Cómo podemos inspirar a los jóvenes?
- ¿Cómo podemos adquirir jóvenes?
- ¿Cómo podemos enfocar a los jóvenes?
- ¿Cómo podemos motivar a los jóvenes?

Estas preguntas están todas interrelacionadas, pero cada una de ellas puede arrojar una luz un poco diferente para la misma situación.

La Agencia de Inteligencia había desarrollado una serie de preguntas para motivar a los agentes a buscar un desafío desde muchos ángulos diferentes. Esta es solo una muestra de las preguntas que la CIA utiliza cuando se considera un problema y se evalúa una posible solución:

- ¿Por qué es necesario resolver el problema?
- ¿Qué beneficios obtendrás al resolver el problema?

DIEZ CUALIDADES DE LOS LÍDERES DE JÓVENES CREATIVOS

- ¿Qué información tienes? ¿Es la información suficiente, redundante, contradictoria?
- ¿Cuál no es el problema?
- ¿Debería hacer un diagrama del problema? ¿Una figura?
- ¿Cuáles son los límites del problema?
- ¿Cuáles son las constantes (cosas que no se pueden cambiar) del problema?
- ¿Puedes separar las partes del problema? ¿Puedes escribirlas? ¿Cuáles son las relaciones entre las partes del problema?
- ¿Has visto este problema antes o de una forma ligeramente diferente?
- ¿Puedes replantear el problema? ¿Más generalmente? ¿Más específicamente?
- ¿Cuáles son los casos mejores, peores y más probables que puedes imaginar?

Aquí hay una segunda muestra de las preguntas cuando se considera un plan o posible solución:

- ¿Puedes resolver el problema completo? ¿Parte del problema?
- ¿Cuál te gustaría que fuera la respuesta? ¿La puedes visualizar?
- ¿Puedes separar los pasos en el proceso de resolución de problemas?
- ¿Qué han hecho otros en situaciones similares?
- ¿Qué se debe hacer?
- ¿Cómo se debe hacer?
- ¿En dónde se debe hacer?
- ¿Cuándo se debe hacer?
- ¿Quién debe hacerlo?
- ¿Qué pautas pueden marcar bien tu progreso?
- ¿Cómo sabrás que tienes éxito?

Casi todas estas preguntas pueden ser útiles para considerar cuando estés atendiendo situaciones desafiantes en el ministerio. Nuestra habilidad de encontrar soluciones creativas a los problemas que enfrentamos suele depender de hacer las preguntas correctas.

PREGUNTAS SIN HACER

1. ¿Qué vuelve locos a tus jóvenes y qué los hace especialmente alegres?
2. ¿Cuál sería tu epitafio del ministerio juvenil si se te cerraran las puertas mañana?
3. Imagina que recientemente recibiste 10 millones de dólares para ayudar a crecer y prosperar tu ministerio. ¿Cómo te los gastarías?
4. ¿Qué animal escogerías como tu emblema del ministerio y por qué?
5. ¿Hay alguna forma en la que puedas redactar un problema u oportunidad en que estés trabajando?

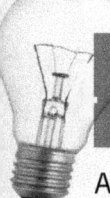

LOS LÍDERES DE JÓVENES CREATIVOS BUSCAN MÁS DE UNA RESPUESTA.

Acabamos de terminar de ver la importancia de hacer muchas preguntas y de poner atención a cómo formulamos esas preguntas. Pero también es importante darnos cuenta de que la mayoría de las buenas preguntas tienen más de una respuesta que vale la pena. Cuando asumimos que ya hemos obtenido la respuesta «correcta» a una pregunta en particular, limitamos las posibilidades e inhibimos la creatividad.

> «La mejor forma de obtener una buena idea es teniendo muchas ideas».
>
> LINUS PAULING, PREMIO NOBEL EN QUÍMICA Y DE LA PAZ.

Piensa en cuantas fotografías de boda toma un fotógrafo profesional usualmente. Mis dos hijos se casaron este año pasado. Como «papá del novio» posé para docenas de fotografías, y los fotógrafos tomaron cientos de fotos en cada boda y en cada recepción. Más fotografías ofrecían más posibilidades. Haz preguntas que ofrezcan más posibilidades en las respuestas. La cantidad engendra calidad. Cuantas más respuestas consigas, más probabilidades tienes de llegar a la mejor solución.

Este es un experimento interesante llevado a cabo por el psicólogo británico Peter Watson, que demuestra cómo tendemos a dejar de pensar cuando creemos que hemos hallado la solución a un problema. Watson les presentaba los siguientes tres números en secuencia a distintos sujetos:

2   4   6

DIEZ CUALIDADES DE LOS LÍDERES DE JÓVENES CREATIVOS

Él les pedía a las personas que determinaran la regla numérica para esta secuencia y que dieran otros ejemplos de números que siguieran la misma regla. A las personas se les dijo que podían hacer tantas preguntas como quisieran, sin ningún castigo.

Watson descubrió que, casi invariablemente, la mayoría de personas inicialmente decía «4, 6, 8» o alguna secuencia similar, y Watson les contestaba: «Sí, ese es un ejemplo de la misma regla numérica». Luego ellos decían: «20, 22, 24» o «50, 52, 54», y así todos los números que fueran de dos en dos. Después de obtener respuestas afirmativas a algunos cuantos intentos, muchas de las personas se sentían confiadas, sin explorar posibilidades alternas, de que la regla era que los números incrementaban de dos en dos.

En el libro *A Whack on the Side of the Head,* Roger von Oech invita a los lectores a ver las cinco figuras de abajo y seleccionar la que es diferente a las demás.

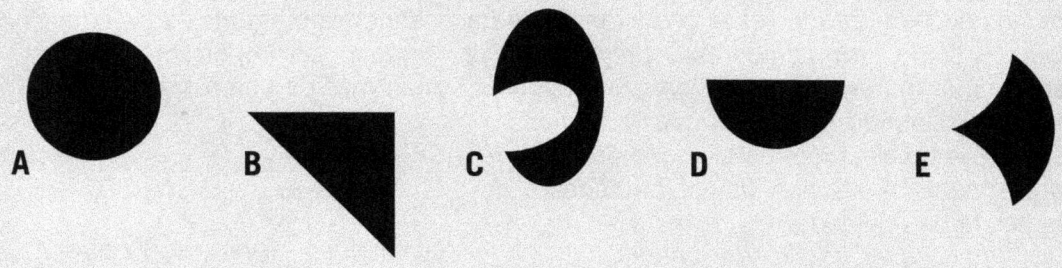

¿Cómo te fue? Si escogiste la figura B, ¡felicitaciones! Has escogido la respuesta correcta. La figura B es la que tiene todas las líneas rectas. ¡Date una palmadita en la espalda! Algunos de ustedes, sin embargo, podrán haber escogido la figura C, pensando que la C es la correcta porque es la única que es asimétrica. Y ¡también tienen razón! La C es la respuesta correcta. Puede darse el caso también de la figura A: es la única que no tiene puntas. Por lo tanto, A es la respuesta correcta. Y ¿qué pasa con la D? Es la única que tiene ambas, una línea recta y una línea curva. Así que, D es la respuesta correcta también. ¿Y la E? Entre otras cosas, la E es la única que parece una proyección de un triángulo no euclidiano en el espacio euclidiano. También es la respuesta correcta. En otras palabras, cada respuesta es correcta dependiendo de tu punto de vista.

En realidad, la regla que Watson estaba aplicando era mucho más simple. Su regla era que los números aumentaran. Así que podrían ser 1, 2, 4, o 10, 20, 40, o 400, 678, 944. Y evaluando esas alternativas sería fácil; todo lo que las personas tendrían que haber hecho era decir «1, 2, 3» y ver si el resultado era afirmativo. O intentar «5, 4, 3» y ver si la respuesta era positiva o negativa. Esto les habría dicho mucho sobre si su suposición a la regla era exacta o no.

Watson hizo un descubrimiento profundo: Las personas procesarán la misma información una y otra vez sin buscar alternativas hasta que se demuestre lo contrario, incluso cuando no hay castigo por hacer preguntas que provoquen una respuesta negativa. En sus cientos de repeticiones para este experimento, Watson nunca tuvo un caso en el que alguien sugiriera una hipótesis alternativa para descubrir si era cierta. En resumen, las personas nunca trataron ni siquiera de encontrar si había una regla simple, o cualquier regla, diferente a la que asumían que era verdadera.

Los líderes de jóvenes creativos no piensan de esta forma. La persona creativa siempre está buscando maneras alternativas de pensar en un tema. Incluso cuando las antiguas suposiciones están bien establecidas, las personas y grupos creativos inventarán nuevas líneas de pensamiento. Si algo no funciona, lo ven desde muchas y diferentes formas hasta que encuentran una nueva línea de pensamiento. Es esta disposición a considerar diferentes perspectivas e ideas alternas lo que les permite nuevas posibilidades que el resto de nosotros no ve.

Desafortunadamente, la mayor parte de la educación formal nos enseña a buscar una sola respuesta, la respuesta «correcta». Como ya he mencionado anteriormente, el salón de clases en una escuela es regularmente solo un juego elaborado de «lo que el maestro está pensando». En lugar de preguntar: «¿Cuál es la respuesta?» a cualquier pregunta que enfrentemos, debemos preguntar: «¿Cuáles son las respuestas?» y «¿Cuáles son las posibilidades?».

> «Para cuando la persona promedio termina la universidad, esta habrá tomado 2.600 tests, pruebas cortas y exámenes. El enfoque de la respuesta «correcta» está profundamente arraigado en nuestro pensamiento. Esto puede estar bien para algunos problemas matemáticos en donde en realidad solo hay una respuesta correcta. Lo difícil es que la mayor parte de nuestra vida no es así. La vida es ambigua; hay muchas respuestas correctas, todo depende de lo que estás buscando. Pero si crees que solo hay una respuesta correcta, dejarás de buscar tan pronto como encuentres una».
>
> ROGER VON OECH, *CHISPAZOS*.

> «La abuelita está sentada tejiendo. Susan, que tiene tres años de edad, la está molestando jugando con la bola de lana. Un padre sugiere que debe poner a Susan dentro del corral para que deje de molestar a la abuelita. El otro padre sugiere que es mejor idea poner a la abuelita dentro del corral para protegerla de Susan.»
>
> EDWARD DE BONO, *EL PENSAMIENTO CREATIVO*

Una vez que pensamos que sabemos lo que funciona o lo que se puede hacer, se nos hace difícil considerar ideas alternativas. Piensa en el deporte del salto alto, en pista y en campo. Las personas habían saltado sobre la barra alta de la misma forma desde que el deporte se inició. Luego un día Dick Fosbury vino y cambió todo el deporte y saltó de espaldas. Tomando una nueva técnica, y dándose cuenta de que la respuesta tradicional no era la única respuesta posible, Fosbury revolucionó su deporte.

DIEZ CUALIDADES DE LOS LÍDERES DE JÓVENES CREATIVOS

PREGUNTAS SIN HACER

1. Toma un pedazo de papel en blanco y haz una lista de veinte usos para la cinta adhesiva. (Si esto suena difícil, recuerda que George Washington Carver descubrió más de trescientos usos diferentes para el cacahuete.) Puedes hacerlo.

2. Ten una lluvia de ideas de tantas respuestas como puedas para esta pregunta clásica: ¿Cómo haces que un pescado deje de oler? (Aquí hay algunas posibles respuestas para que comiences):

- Cocínalo tan pronto como lo hayas pescado
- Envuélvelo en papel
- Ponlo en el congelador
- Quema incienso
- Déjalo en agua fría
- Córtale la nariz

3. Toma cada una de las frases siguientes y termínala:

Por ejemplo: En lugar de tener una guerra de globos con agua en el campamento... ten una guerra de bolsas Ziploc con agua. (Son más fáciles de llenar.) Ahora es tu turno:

En lugar de dar clase en un salón...

En lugar de que una persona lea el texto...

En lugar de preguntar: «¿Qué lección sacas de esto?»...

En lugar de terminar la reunión con una oración...

LOS LÍDERES DE JÓVENES CREATIVOS CONOCEN LOS TIEMPOS Y LUGARES QUE FOMENTAN SU CREATIVIDAD.

¿Dónde y cuándo eres más creativo? La respuesta es diferente para cada uno de nosotros, pero las personas más creativas suelen saber qué lugares y qué tiempo alimentan su propia energía creativa.

Si eres como yo, encontrarás que tu oficina es el lugar menos creativo. Toma unos minutos, piensa en dónde te sientes creativo y busca ese lugar cuando necesitas serlo, e incluso cuando no. Esos momentos de relajación en los que no nos sentimos tan presionados son los momentos en los que somos capaces de sacar las mejores ideas de las esquinas huecas de nuestras mentes.

Scott Adams, creador del cómic Dilbert, dice que hace su trabajo más creativo entre las seis y las siete de la mañana. Una de cada diez personas son personas madrugadoras como esta. Esto no significa que a estas personas les guste levantarse temprano, sino que sus mentes están más alertas a esta hora del día.

Dos de cada diez son el opuesto completo: están más alertas y son más productivos en las tardes y en las horas de la noche. Estos búhos nocturnos no tienen problema si se quedan despiertos hasta después de media noche, y con frecuencia descubren que obtienen sus ideas más productivas a esas horas mientras que otros duermen profundamente.

El resto de la población, siete de cada diez de nosotros, estamos en algún lugar entre los dos. Algunos encuentran sus chispas creativas saltando a media mañana, otros por la tarde, y otros a primeras horas de la noche. Algunas veces estos tiempos cambian cuando crecemos.

El secreto es hacer trabajar más tu pensamiento creativo en el tiempo que mejor te convenga. Haz buen uso de tus horas más creativas, y deja las otras horas del día para actividades que requieran menos creatividad.

PREGUNTAS SIN HACER

1. ¿Qué lugares favoritos has encontrado para que fluyan mejor tus jugos creativos?
2. ¿Cuáles son las mejores horas del día para desatar tu creatividad?

DIEZ CUALIDADES DE LOS LÍDERES DE JÓVENES CREATIVOS

LOS LÍDERES DE JÓVENES CREATIVOS REVISAN SUS IDEAS.

Se dice que el cerebro humano retendrá cierta clase de información por menos de 30 segundos. Si algo no sucede durante ese tiempo, la información se olvidará. ¿Quién sabe cuántas grandes ideas nunca se implementaron porque nunca lograron pasar esos primeros 30 segundos?

Una manera de contrarrestar los límites de nuestra memoria a corto plazo es volver a exponernos a la información que queremos retener. Por ejemplo, hablar de un evento inmediatamente después de que sucede puede ser una de las mejores formas de recordarlo. También ayuda escribir las ideas cuando vienen a ti. Asimismo es bueno revisar tus ideas frecuentemente, no solo para tu memoria sino para mejorarlas.

Las personas creativas comienzan a trabajar en una idea y permiten que sus mentes regresen a la idea a lo largo de los siguientes días, semanas, meses, incluso años. ¿Quién que haya terminado un proyecto, una tarea, o algo que requiera algún nivel de creatividad, no tiene una idea mejor después de haber terminado?

Generalmente estamos muy satisfechos si continuamos haciendo las cosas de la misma forma que siempre. La idea occidental de mejorar siempre se ha preocupado por quitar obstáculos, resolver los problemas y enmendar errores. Los japoneses comparten esta preocupación por eliminar los obstaculos, pero este es solo el comienzo. Como Joel Barker explica en su libro, *Future Edge,* el concepto japonés de *kaizen* involucra una búsqueda en progreso para el mejoramiento continuo. Los trabajadores japoneses son motivados a buscar algo que parece perfecto y a intentar encontrar formas de mejorarlo. La Compañía Toyota Motor obtiene alrededor de trescientas sugerencias de cada uno de sus empleados japoneses cada año, porque continuamente están tratando de mejorar algo que ya está funcionando bien.

Cuando estoy preparando estudios bíblicos, suelo emplear alrededor de un mes para trabajar en cuatro de mis mensajes semanales. En lugar de terminar un mensaje antes de comenzar a trabajar en el siguiente, salto continuamente de un mensaje al otro, y agrego nuevas ideas utilizando varios trucos que se enseñan en este libro. Cada uno de los mensajes está en una etapa diferente de desarrollo. Utilizo un proceso similar escribiendo libros, solo que se extiende por uno poco más de tiempo. Ahora mismo, mientras trabajo en este libro, también trabajo en otros tres libros. Las cuatro etapas que transito mientras escribo un mensaje o un libro son:

- Investigar: Decidir el tema e investigar comentarios, otros libros, revistas y la Internet.

- Clasificación: Organizar el material de manera lógica.

- Escrito Inicial: Poner mis ideas en papel.

- Edición y entrega: Darle forma a las ideas y presentarlas.

La palabra *multitareas* es una de las que más se oyen hoy en día, pero el biólogo y desarrollador molecular John Medina dice que es un poco de mito, ya que en realidad el cerebro solamente puede enfocarse en una cosa a la vez. Seguramente puedes caminar y masticar chicle al mismo tiempo, pero cuando se trata de cosas que realmente requieren la atención primaria del cerebro, el cerebro procesa la información en secuencia. Podemos saltar de una cosa a otra constantemente, pero hay una pequeña parte de tiempo entre los pensamientos; no todo está pasando en el mismo momento en el tiempo.

Una ilustración de cómo podemos pensar en secuencia podría ser cuando las personas conducen mientras hablan por teléfono celular. Los estudios han mostrado que los conductores que hablan por teléfono celular pierden más del cincuenta por ciento de los reflejos que tienen los conductores que están atentos. Solamente esto es un gran argumento para nunca hablar o escribir mensajes de texto en el teléfono celular mientras conduces, y puede ser la razón por la que el gobernador de California, Arnold Schwarzenegger, firmó una ley en el 2008 prohibiendo el uso de los teléfonos celulares mientras se conduce en el estado (a menos que se use un aparato de manos libres).

Hacer muchas cosas al mismo tiempo puede parecer eficiente, pero suele ser contra productivo. Según Jeff White, esto debilita la memoria a corto plazo y te hace pensar más despacio. Algunos estudios muestran que esto puede incluso matar tus neuronas. También es un asesino en primer grado de la creatividad. Esto es porque la creatividad necesita enfocarse. Necesitas darle a tu mente una oportunidad para pensar clara y abiertamente, sin distracciones.

Pienso que un término mejor que multitareas sería «cambio de tareas». Las personas que tienen buena memoria pueden poner atención a varios registros, de uno en uno, y constantemente cambian su enfoque principal. Las personas jóvenes están más adaptadas al cambio de ideas que los adultos mayores. El mundo contemporáneo está lleno de acción continua: mensajes instantáneos, mensajes de texto, Facebook,

DIEZ CUALIDADES DE LOS LÍDERES DE JÓVENES CREATIVOS

Twitter, YouTube, teléfonos celulares, videojuegos, carteleras animadas, y aun así los jóvenes no parecen para nada abrumados por esto. De hecho, todo el tiempo que pasan con los videojuegos de acción puede ser una razón por la que los adolescentes tienden a ser mejores en cambiar de tareas. Los jugadores procesan la información más rápido, son capaces de observar más imágenes con un corto estímulo visual, seguir más objetos a la vez y tener mejores habilidades en el cambio de tareas.

PREGUNTAS SIN HACER

1. ¿Qué sistema usas, o podrías usar, para asegurarte de que revisas tus mejores ideas y así evitar que se te olviden?

2. ¿Qué tal estás cambiando tareas?

3. ¿Eres capaz de enfocarte en varios problemas en un período de tiempo, y luego volver a cada problema?

4. ¿En qué proyectos estás trabajando ahora?

LOS LÍDERES DE JÓVENES CREATIVOS NO TIENEN MIEDO DE FRACASAR.

Alguien dijo una vez: «Puedes fracasar muchas veces, pero no eres un fracaso a menos que dejes de intentarlo». Uno de los discursos más cortos y famosos que dio Sir Winston Churchill es un mensaje similar y elocuente dicho en tan solo cinco palabras: «Nunca te des por vencido». Las personas creativas son como las estampillas postales: se pegan a algo hasta que llegan a donde necesitan llegar.

Sin embargo, la perseverancia no significa que constantemente busques caminos sin salida, apuestes por caballos muertos o repitas cosas que no han funcionado. Perseverancia significa trabajar de manera inteligente con la noción de que seguirás el principio de «una vez más» hasta que cruces la línea de meta.

Anteriormente en el libro mencioné al Dr. Seuss. ¿Sabías que más de veinte editores rechazaron su primer libro para niños? Si el Dr. Seuss hubiera renunciado en lugar de continuar contactando a otros editores, su éxito fenomenal tal vez nunca habría ocurrido. Él podría haber considerado sus esfuerzos con todos esos otros editores una

serie de fracasos, pero perseverando se convirtió en un autor ampliamente conocido que vendió millones de libros.

¿Recuerdas a Reggie Jackson, el jugador de beisbol? Ese muchacho podía batear jonrones. Durante sus veintiún años de carrera en las ligas mayores lanzó quinientas sesenta y tres bolas a las gradas. Hoy en día eso le daría el onceavo lugar en la lista de jonroneros profesionales de todos los tiempos. Pero Jackson es el número uno de todos los tiempos en otra lista: Él bateó más que cualquier otro jugador en la historia del beisbol; dos mil quinientas noventa y siete veces en total.

Intentar batear involucra correr riesgos y aceptar que algunas veces fallarás. Las ideas son como los jonrones: tienes que batear un montón de ideas si quieres que alguna salga del campo.

Newsweek reportó en su publicación del 28 de junio de 1993 los descubrimientos de un estudio de Dean Keith Simonton de la Universidad de California, en Davis. Simonton observó a más de dos mil de los mejores científicos de la historia y encontró que los pensadores más respetables no solo producían trabajos más grandes, sino también los «peores». Los mejores científicos de la historia «solo seguían trabajando en ello», concluyó Simonton. «Producían».

Las personas más creativas en los campos del arte y la ciencia trabajan obsesivamente. Tal vez has escuchado la historia de Isaac Newton, que descubrió la gravedad sentado bajo un manzano esperando que la fruta cayera. Pero no solamente pasó sus días descansando bajo los árboles; sus teorías fueron el producto del trabajo duro y un esfuerzo meticuloso. Sigmund Freud dijo una vez: «Cuando la inspiración no viene a mí, voy a encontrarme con ella a medio camino». Considera los esfuerzos de estos otros pensadores creativos:

- Bach escribió una cantata por semana, incluso cuando estaba enfermo o cansado.
- Mozart produjo más de seiscientas piezas musicales.
- A Einstein se le conoce más por su teoría de la relatividad, pero publicó otros doscientos cuarenta y ocho documentos.
- A Darwin se le conoce por su teoría de la evolución, pero escribió otras ciento diecinueve publicaciones durante su vida.
- Freud publicó trescientos treinta documentos.
- Pablo Picasso produjo entre veinte mil y cincuenta mil piezas de arte.
- Richard Branson inició doscientas cincuenta empresas, no todas tuvieron éxito.

DIEZ CUALIDADES DE LOS LÍDERES DE JÓVENES CREATIVOS

- Rembrandt produjo alrededor de seiscientas cincuenta pinturas y dos mil dibujos.

William Shakespeare escribió ciento cincuenta y cuatro sonetos. Algunos fueron obras maestras, otros no fueron mejores que sus contemporáneos, y otros fueron juzgados por los críticos. De hecho, probablemente es más seguro decir que más poemas malos son compuestos por los poetas mayores que por los poetas menores. Los poetas mayores compusieron más poemas malos simplemente porque ellos producían más poesías.

Thomas Edison una vez dijo: «La genialidad es uno por ciento inspiración y noventa y nueve por ciento transpiración». Su propio trabajo es prueba del poder creativo del trabajo duro y el esfuerzo persistente. Edison archivó un record de mil noventa y tres patentes. Su laboratorio en New Jersey contenía una asombrosa exposición de cientos de cuernos de fonógrafo de toda forma, tamaño y material. Esta colección de ideas rechazadas es un testamento visual para la estrategia de pensamiento de Edison, de explorar cada posibilidad imaginable. Con cada idea brillante que vino, Edison tuvo muchos fracasos.

Edison llevó a cabo más de nueve mil experimentos para desarrollar la bombilla eléctrica, y más de cincuenta mil experimentos para desarrollar la pila de combustible. Una vez un asistente le preguntó por qué continuaba tratando de descubrir un filamento de larga duración para la bombilla eléctrica después de miles de fracasos. Edison respondió diciendo que no entendía la pregunta. En su mente él no había fracasado ni una vez; más bien había descubierto miles de cosas que no funcionaron.

Edison una vez dijo: «Muchos de los fracasos de la vida se deben a personas que no se dieron cuenta de lo cerca que estuvieron de tener éxito cuando se rindieron». Ross Perot, un hombre millonario por sus propios esfuerzos, expresó un pensamiento similar cuando dijo: «Muchas personas se rinden cuando están cerca de alcanzar el éxito; se dan por vencidos en el último minuto del juego, a menos de medio metro de marcar el gol vencedor».

Pocas personas merecen el título de «genio creativo» más que Albert Einstein. Su teoría de la relatividad es uno de los logros intelectuales en la historia del ser humano. Sin embargo, académicamente, Einstein fue menos que mediocre. Un maestro le dijo que «nunca llegaría a ninguna parte». Finalmente le pidieron que dejara la escuela. Después de pasar un tiempo viajando en Italia, Einstein envió una solicitud a la Escuela Politécnica de Zurich, pero suspendió el examen de admisión y le pidieron que regresase a la escuela superior durante un año antes de que lo aceptasen. Tras graduarse en Zurich fue rechazado para una posición de asistente porque ningún profesor le daba una recomendación. Se las arregló para conseguir un trabajo como tutor, pero muy pronto fue despedido.

Finalmente consiguió un trabajo en una Oficina de Registro de la Propiedad Industrial. En su tiempo libre continuó con sus estudios; discretamente ganó un doctorado y comenzó a publicar sus descubrimientos científicos. Finalmente, después de muchos años en relativa oscuridad, su trabajo ganó el reconocimiento que merecía. Si Einstein hubiera aceptado la valoración de su maestro sobre su inteligencia, el mundo sería inimaginablemente más pobre.

Piensa en estos ejemplos adicionales presentados en el vídeo de los «Fracasos famosos» de bluefishtv.com:

- Lucille Ball fue despedida de la escuela de drama con una nota que decía que estaba «desperdiciando su tiempo» y que era «muy tímida para salir adelante».

- Los Beatles fueron rechazados por un ejecutivo de Decca Records que dijo que no le gustaba su sonido, y que esa música de guitarra estaba «fuera de lugar».

- Ulysses S. Grant fue un soldado fracasado, granjero y agente de bienes raíces que a la edad de treinta y ocho años fue a trabajar para su padre.

- Michael Jordan una vez fue expulsado del equipo de básquetbol de la secundaria. Fue a casa, se encerró en su cuarto y lloró.

> «Comparar las vidas y trabajos de individuos bien conocidos revela un número interesante de descubrimientos. Por ejemplo, ¿qué tienen en común Hans Christian Anderson, Alexander Graham Bell, George Burns, Winston Churchill, Leonardo da Vinci, Walt Disney, Thomas Edison, Albert Einstein, Henry Ford, el general George S. Patton, y Jack Welch? Todos eran disléxicos. La dislexia es la condición en la que las letras y los números se perciben al revés. Esto puede resultar en patrones confusos. Miguel Ángel experimentó síntomas de desorden bipolar y depresión. A pesar de estas discapacidades, todos estos individuos encontraron formas de aprender y convertirse en personas destacadas que desarrollaron al máximo su potencial».
>
> ALAN J. ROWE, *CREATIVE INTELLIGENCE*

- Walt Disney fue despedido de su trabajo en un periódico por personas que dijeron que le faltaba imaginación y que no tenía ideas originales.

- Abraham Lincoln soportó la muerte de su prometida, dos fracasos en los negocios, un colapso nervioso y derrotas en ocho elecciones.

DIEZ CUALIDADES DE LOS LÍDERES DE JÓVENES CREATIVOS

Las personas creativas no le tienen miedo al ridículo o al fracaso; tienen el valor de sus convicciones y están dispuestos a esperar largo tiempo antes de ver el premio de sus logros. Muchos grandes artistas han encontrado su creatividad rechazada, ignorada, o incluso menospreciada. Vicente Van Gogh vendió una sola pintura en su vida: a su hermano Theo. Piensa en cuantos científicos, artistas y escritores fueron ridiculizados o pasados por alto, solo para ser reconocidos por sus contribuciones significativas muchos años después.

Dick Liebhaber, vicepresidente ejecutivo de MCI, una vez dijo: «Nosotros no le disparamos a las personas que cometen errores, le disparamos a las personas que no corren riesgos». La innovación requiere cierta tolerancia al riesgo.

PREGUNTAS SIN HACER

1. ¿Hasta qué punto estás dispuesto a salir y asumir riesgos en tu ministerio?

2. ¿Alguna vez has vuelto a intentar algo que fue inútil la primera vez? ¿Qué sucedió? ¿Qué aprendiste de tu primer intento fallido?

3. ¿Cómo te sientes con lo que dijo Thomas Edison: «La genialidad es uno por ciento inspiración y noventa y nueve por ciento transpiración»?

A LOS LÍDERES DE JÓVENES CREATIVOS LES ENCANTA REÍR Y DIVERTIRSE.

Fabio Sala, en el *Harvard Business Review,* escribe: «Más de cuatro décadas de estudio de varios investigadores confirman algo de sabiduría y sentido común: el humor usado hábilmente lubrica las ruedas de la administración, reduce la hostilidad, desvía la crítica, alivia la tensión, sube la moral y ayuda a comunicar los mensajes difíciles». De acuerdo con la investigación, los ejecutivos más exitosos emplearon el humor dos veces más que los gerentes promedios.

Pienso que el mismo principio es igualmente, o tal vez incluso más cierto, cuando se refiere a personas en el ministerio. Los líderes de jóvenes más efectivos, los que tienen las ideas y programas más creativos, tienden a ser las personas que emplean el humor.

Southwest Airlines es una de las aerolíneas de más éxito, obteniendo ganancias regulares mientras muchos de sus competidores se tambalean al borde de la insolvencia. El antiguo presidente ejecutivo de Southwest, Herb Kelleher, una vez describió lo que la empresa busca cuando contrata a nuevos empleados: «Lo que estamos buscando, primero que todo, es sentido del humor. No nos importa mucho la educación y experiencia, porque podemos capacitar a las personas para hacer lo que tienen que hacer. Nosotros contratamos actitudes». ¿Cuál es la declaración misión de Southwest Airlines? «Las personas rara vez triunfan en algo si no se divierten mientras lo hacen».

En un vuelo reciente de Sacramento al condado de Orange con Southwest, presencié una maravillosa expresión de creatividad. El líder de los sobrecargos les había preguntado a cuatro niños que habían abordado antes si estarían dispuestos a distribuir bolsitas de cacahuetes durante el vuelo. Estaban emocionados ante tal posibilidad, pero les dijo que solo podría escoger a uno. Él inventó un concurso en el que tomó cuatro barajas de cartas selladas y escribió el nombre de cada uno de los niños en cada baraja. Justo antes de despegar anunció a todos los pasajeros que iba a ubicar las cuatro barajas en el suelo al frente del avión. El niño cuyo nombre estuviera en la baraja que primero se deslizara hasta la parte trasera del avión sería el que distribuiría los cacahuetes.

El juego fue tan divertido que todos en el avión participaron en él, viendo esas cuatro barajas deslizarse por todo el pasillo lentamente mientras el avión avanzaba por la pista, y luego más y más rápido mientras el avión ganaba velocidad y se elevaba. Los pasajeros estaban animando y riendo. Cuando las barajas llegaron a la parte trasera del avión, el sobrecargo anunció que los cuatro niños eran ganadores y que todos ellos ayudarían a distribuir los cacahuetes.

Durante su tiempo en Southwest como presidente ejecutivo de la compañía, Herb Kelleher era conocido por imitar a Elvis Presley y a Roy Orbison en las fiestas de la empresa. Para una fiesta de Halloween llegó al hangar de Southwest con un disfraz, imitando al cabo Klinger (del show de televisión M*A*S*H), para agradecer a los mecánicos por trabajar tiempo extra. British Airways ha contratado su propio «bufón corporativo» para ayudar a infundir en la aerolínea un sentido del humor más grande.

Jerry Greenfield, cofundador del helado Ben & Jerry's, ha dicho: «Si no tiene gracia, ¿por qué hacerlo?». Joanne Carthey, quien fundó la compañía de software NetPro (ahora propiedad de Quest), una vez dijo que la compañía tiene cuatro reglas: «Nosotros hacemos promesas, cumplimos con nuestra palabra, arreglamos nuestros problemas y nos divertimos».

DIEZ CUALIDADES DE LOS LÍDERES DE JÓVENES CREATIVOS

Estoy convencido de que tener un espíritu de humor y diversión no solo te relaja, sino que también aumenta tu creatividad. Por ejemplo, piensa en esta adivinanza: ¿Qué tienen en común Winnie el Pooh y Juan el Bautista? Respuesta: Ambos tienen el mismo segundo nombre. Nunca resolverás esta pequeña adivinanza si no tienes una mente juguetona. Y ese espíritu de diversión y risa es esencial cuando buscamos soluciones creativas para los desafíos tan grandes que enfrentamos.

Mike Yaconelli, el cofundador de Especialidades Juveniles, era uno de los pastores de jóvenes más creativos que he conocido. Él también fue la representación de ese espíritu de festividad y diversión del que hablo. Mike conocía el valor del humor, pues era parte del centro de su ser. Recuerdo haber ido con él a un restaurante en Joplin, Missouri, después de haber dado un seminario juntos. Había una multitud en la entrada, con muchas personas entrando y saliendo. Vi a Mike tomar una planta que estaba en su maceta de un mostrador y llevársela a una pareja de edad mediana mientras iban para la puerta de salida. «Felicitaciones», dijo Mike, «son nuestros clientes número cinco mil». La pareja estaba encantada. Mientras salían con la planta, nuestro grupo y Mike rompimos en carcajadas.

Ví a Mike pagar el peaje del carro detrás del nuestro, aunque no supiera quiénes eran las personas que nos seguían. Luego observaba por el retrovisor mientras el recaudador de peaje les explicaba a las personas del siguiente carro que su «amigo» en el carro de enfrente ya había pagado su peaje.

En otro restaurante lo vi meterse los cubiertos en la manga y luego dejarlos caer al suelo cuando un mesero pasó cerca. Con una mirada de profunda vergüenza en su rostro, comenzó a disculparse, como si hubiera sido sorprendido tratando de robarlos.

He oído que Mike solía guardar en su oficina uno de esos controles remoto que hacen un gran sonido de gas estomacal. Cuando un nuevo empleado estaba a punto de ser contratado, el último paso era conocer a Mike. Él ponía el aparato debajo de la silla frente a su escritorio antes de invitar al posible empleado a pasar. Mientras Mike se sentaba tras su escritorio haciendo preguntas, con frecuencia presionaba el botón que dispararía la pequeña unidad debajo de la silla de la persona para que sonara. Era muy gracioso. Él hizo de Especialidades Juveniles un lugar divertido.

Su alegría y festividad motivaban la creatividad de aquellos a su alrededor y los liberaban a pensar en nuevas formas. Las personas cercanas a Mike se sentían cómodas al expresar sus ideas únicas. Mike y su cofundador, Wayne Rice, iniciaron una convención anual para líderes de jóvenes que siempre se llevaba a cabo en un lujoso hotel. Él sentía que los líderes de jóvenes, que con frecuencia trabajaban por poco

dinero, merecían tener una convención en un buen lugar. Él y Wayne también iniciaron los eventos de capacitación de un día que viajaban alrededor del país. Algunas de las ideas más creativas para el ministerio juvenil provienen de esos eventos. Creo que la festividad y la alegría fue en gran parte lo que liberó su mente que a fin de encontrar técnicas innovadoras para el ministerio juvenil.

PREGUNTAS SIN HACER

1. ¿Cuándo fue la última vez que te reíste a carcajadas?

2. ¿Eres capaz de reírte de ti mismo?

3. ¿A quién admiras que tiene un buen sentido del humor?

LOS LÍDERES DE JÓVENES CREATIVOS COPIAN Y ADAPTAN.

Algunas veces tenemos la idea de que las personas creativas siempre trabajan desde cero. El pintor se coloca frente a los lienzos en blanco con pinturas, pinceles e inspiración, y procede a crear una imagen que no se parece a nada que ha sido creado antes, ¿verdad? El artista simplemente cierra sus ojos, imagina algo que no ha existido en ninguna forma, y luego lo hace una realidad. ¿No es así como siempre sucede?

Tal vez esto describa cómo trabajan algunos pintores. Pero muchos artistas (probablemente la mayoría), usan cosas que ya existen como puntos de partida para sus propios esfuerzos creativos. Una pintora podría mirar un recipiente con fruta y buscar pintar cada matiz de su iluminación y sus sombras. O tal vez podría pararse en medio de un campo y pintar el paisaje que está justo frente a ella. Quizás intente hacer de su pintura una copia exacta de lo que ve, o quizás busque algo más abstracto, utilizando colores más brillantes y formas radicales.

DIEZ CUALIDADES DE LOS LÍDERES DE JÓVENES CREATIVOS

Algunos artistas trabajan a partir de lo que hacen los fotógrafos. Mi sobrina, Bianca Martínez, es una artista a la que le pidieron crear un anuncio de publicidad para el próximo festival de música jazz. Ella encontró una fotografía de uno de los músicos programados para participar en ese evento y la transformó en una obra de arte.

Solo Dios puede crear algo de la nada. Sugiero que inicies tu proceso creativo retocando algo que ya existe, copiándolo y adaptándolo a tus necesidades y a tu entorno. Algunas veces ser creativo simplemente significa aprender a «copiar bien». Copia algo ya existente y adáptalo a tu escenario. Toma algo viejo y transfórmalo en algo nuevo. Todo lo que parece ser «lo más nuevo» realmente es una suma o modificación de algo que ya existía. La originalidad y la creatividad resultan cuando adaptas una idea existente a tu problema o situación específica.

> «Como criaturas hechas a imagen de Dios, todos somos creativos (no hay argumento teológico que contradiga esto). Pero me encuentro con que muchos piensan que la creatividad requiere algún tipo de magia, sacar algo nuevo de la nada (como cuando Dios creó el mundo). ¡Pues no, queridas criaturas creativas! La mayoría de la mejor creatividad en el ministerio juvenil viene de modificar, retocar, y personalizar las ideas existentes para suplir las necesidades específicas de nuestros jóvenes».
>
> MARK OESTREICHER EN *THE CORE REALITIES OF YOUTH MINISTRY*, DE MIKE YACONELLI

Recopila y guarda ideas como un cachivachero. Conserva un recipiente (una caja de zapatos, la gaveta de un escritorio o un archivador) de ideas. Comienza recopilando anuncios interesantes, frases, diseños, preguntas, imágenes, caricaturas, dibujos, garabatos y palabras que puedan provocar tu propio pensamiento. Thomas Edison lo puso de esta forma: «Haz un hábito seguir y estar al acecho de las ideas novedosas e interesantes que otros han utilizado con éxito». Thomas Edison usó un tapón de rosca de una nueva manera cuando él y su equipo desarrollaron la base de la bobilla eléctrica.

La creatividad toma lo que ya conocemos, lo adapta y lo pone en un nuevo escenario, haciendo algo nuevo de algo viejo. En el libro *The Core Realities of Youth Ministry*, Mike Yaconelli ofrece este ejemplo de cuando comenzó en el ministerio juvenil.

> «Los otros líderes y yo estábamos intentando crear una nueva forma de hacer evangelismo. Queríamos encontrar formas creativas de atraer a una multitud de adolescentes a un evento en donde les pudiéramos presentar el evangelio de una nueva forma. Lo que nos inventamos fue un paseo en un carro lleno de paja (una idea vieja) pero con un giro moderno (adaptado). Con el fin de actualizar esta vieja idea y hacerla más atractiva para los adolescentes, decidimos llamarla «la carroza de paja más larga del mundo», y llevar a los chicos por todos lados en camiones de 18 ruedas cubiertos con heno. En lugar de conducir por todas las colinas, decidimos hacer

la carroza en el centro y conducir por la ciudad. No podíamos creer cuántos jóvenes llegaron: mil trescientos. Y algo con lo que no habíamos contado era con informar a la policía. Ellos señalaron que esos mil trescientos adolescentes lanzando heno en la carretera y sobre otros carros eran un problema, así que pasamos toda la noche en la limpieza más grande del mundo. Por problemas de seguro y de vehículos, esto probablemente no sería posible hoy, pero esta idea (ahora vieja) puede ser adaptada creativamente».

En su libro *Thinkertoys*, Michael Michalko señala que muchos inventos modernos son adaptaciones de algo que se puede observar en el mundo natural:

- Helicópteros: Los colibrí también pueden planear y volar hacia atrás.
- Aguja hipodérmica: Un escorpión usa su cola puntiaguda para inyectar veneno.
- Sonar: Los murciélagos emiten sonidos que rebotan en los objetos en su camino.
- Anestesia: Muchas serpientes usan veneno para paralizar e insensibilizar su presa antes de comerla.
- Zapatos de nieve: Los pies del caribú están diseñados para ir por encima de la nieve.
- Tanques: La tortuga es una unidad móvil casi invulnerable.
- Aviones: Los aviones frenan con alerones, así como los pájaros frenan con sus plumas de la cola.

Ludwig van Beethoven con frecuencia desarrolló su talento musical duplicando el trabajo de otros. Sus primeras composiciones estuvieron claramente basadas en la práctica, imitación y aprendizaje de lo que había sido hecho antes. Otro ejemplo es el himno «The Star Spangled Banner», el cual, a pesar de haber sido escrito desde una fortaleza de los Estados Unidos que estaba siendo atacada por la Marina Real, era básicamente la misma tonada de una canción popular de los bares ingleses. Muchos de los himnos de la iglesia tienen historias similares. Lutero y sus colegas frecuentemente tomaban melodías familiares que se cantaban en bares y les daba nuevas palabras. La música cristiana actual regularmente sigue el mismo patrón, pareciéndose a la música secular con un mensaje religioso.

Algunas veces una creación innovadora inspira a otra. Por ejemplo, en 1845, cuando Sir John Franklin llevó una de las modernas «latas» de ternera para el Ártico, tuvo que tener un martillo y un cincel a mano para abrirla. Las latas guardaban la comida fresca, pero las personas estaban utilizando de todo, desde hachas hasta revólveres para poder abrirlas. No fue hasta 1885 que el ejército británico y la marina respondieron a las preocupaciones ofreciendo el primer abre latas. Más recientemente, otras personas creativas mejoraron esa idea creando una lata con un tope débil que hace que el recipiente se abra cuando se tira de la lengüeta.

DIEZ CUALIDADES DE LOS LÍDERES DE JÓVENES CREATIVOS

Cuando me inicié en el ministerio juvenil hace muchos años, la «encerrada» ya era un evento juvenil popular en la mayoría de las iglesias. Una encerrada es una actividad en la que los jóvenes y sus líderes se quedan en un edificio o en cualquier lugar, tal vez desde las 7 de la tarde hasta las 7 de la mañana del día siguiente. Ven películas, juegan básquetbol, nadan en una piscina y escuchan una banda o a un predicador, y normalmente se divierten mucho.

> «Mick Pearce, un arquitecto con interés en la ecología, aceptó un desafío intrigante de parte de Old Mutual, un conglomerado de seguros y bienes raíces: construir un atractivo edificio de oficinas que no usara aire acondicionado. Ah, y hacerlo en Harare, la capital de Zimbabue... Lo logró basando sus diseños arquitectónicos en cómo las termitas enfrían sus torres parecidas a montículos de lodo y suciedad. ¿Cuál es la conexión?
>
> Las termitas deben guardar en sus montículos una temperatura interna constante de 30,56 grados con el fin de poder hacer crecer un hongo esencial. No es un trabajo fácil cuando las temperaturas en las llanuras africanas pueden variar de por encima de los 37 grados durante el día, a por debajo de los 4 por la noche. Aun así, los insectos se las arreglan ingeniosamente para dirigir las brisas en la base del montículo hacia cámaras con barro fresco y húmedo, para luego dirigir este aire enfriado a la cima. Construyendo constantemente nuevas aberturas y cerrando las viejas, pueden regular la temperatura de manera muy precisa.
>
> Pearce se interesaba claramente en más que la arquitectura; él tenía pasión por entender los ecosistemas naturales y de repente estos dos campos se cruzaron. Pearce se unió con el ingeniero Over Arup para llevar a cabo esta combinación de conceptos a un buen término. El complejo de oficinas llamado Eastgate abrió en 1996 y es el complejo comercial más grande de ventas al por menor en Zimbabue. Mantiene una temperatura constante de 22 a 25 grados y utiliza menos del diez por ciento de la energía que consumen otros edificios de su tamaño».
>
> FRANS JOHANSSON, *THE MEDICI EFFECT*

Estaba pensando en cómo podíamos hacer estos eventos aún más divertidos, y decidí darle un nuevo giro a la vieja idea. Así que creé El Trasnochador. En lugar de quedarnos en un solo lugar toda la noche, El Trasnochador involucraba ir a diferentes lugares. Comenzamos en YMCA, luego fuimos a un pequeño parque de diversiones (con minigolf y cajas de bateo), luego a un boliche callejero, después a un auditorio a escuchar una banda y a un predicador, luego a la playa a ver el amanecer sobre las colinas. Fue un gran evento. El primer año tuvimos inscritos a sesenta y ocho jóvenes, para el cuarto año teníamos quinientos jóvenes involucrados, y tuve que alquilar diez autobuses. Era toda una explosión y esto atrajo a muchos jóvenes que nunca habían puesto un pie en la iglesia. Yo no creé algo nuevo de la nada; simplemente retoqué algo que ya existía. ¡Tú puedes hacer esto!

En mi libro *Best-Ever Games for Youth Ministry*, sugiero un número de formas en las que puedes darle un nuevo giro a juegos clásicos. Intenta crear algo nuevo agregando uno de estos giros a un juego viejo:

- Agrega una luz estroboscópica (ten cuidado con los niños que sufren de epilepsia)
- Agrega una máquina de humo
- Cambia los límites
- Cambia el objetivo del juego
- Cambia la locomoción (la forma en la que las personas se mueven mientras realizan el juego)
- Cambia la ubicación
- Cambia la cantidad de tiempo para hacer el juego
- Cambia la hora

PREGUNTAS SIN HACER

1. Intenta tomar las palabras familiares del Salmo 23 y parafraséalas:

    - como un patinador
    - como un obsesivo de la tecnología
    - como un deportista
    - como un granjero o un ganadero
    - como un melodramático

2. ¿Cuáles son algunas actividades que haces hoy en día en tu ministerio a las que les puedes dar un giro fresco?

3. Supón que has planificado un juego que requiere de una pelota, y a última hora te das cuenta de que olvidaste traerla. ¿Qué podrías hacer?

DIEZ CUALIDADES DE LOS LÍDERES DE JÓVENES CREATIVOS

LOS LÍDERES DE JÓVENES CREATIVOS JUNTAN COSAS QUE NO TIENEN NINGUNA RELACIÓN PARA CREAR ALGO NUEVO.

En este poema de 1872, «La morsa y el carpintero», Lewis Carroll escribió:

—Ha llegado la hora —dijo la morsa—
de que hablemos de muchas cosas:
de barcos... lacres... y zapatos;
de reyes... y repollos...

> «La creatividad es muy parecida a ver el mundo a través de un caleidoscopio. Observas el mismo conjunto de elementos que todos los demás ven, pero luego vuelves a montar los pedazos y piezas flotantes en una nueva posibilidad tentadora».
>
> ROSABETH MOSS KANTOR, PROFESORA DE ADMINISTRACIÓN DE EMPRESAS, FACULTAD DE ADMINISTRACIÓN, HARVARD

No estoy sugiriendo que tu próximo estudio bíblico deba confundir y distraer a los jóvenes con una conversación de amplio alcance acerca de repollos, zapatos y reyes en barcos. Pero al igual que la morsa y su listado eléctrico de temas de discusión, los pensadores creativos con frecuencia producen algo nuevo reuniendo ideas, objetos, y servicios previamente no relacionados. El proceso de combinar ideas o elementos, o partes de ideas, se llama síntesis, y algunas personas creen que esta es la esencia de la creatividad. En 1831, el científico de la conducta, Charles Spearman, observó que la creatividad es «una consecuencia de la fusión de dos o más ideas previamente no relacionadas». Y al igual que cuando las personas unen sus talentos en el cuerpo de Cristo, el producto final con frecuencia es más grande, más creativo, y más efectivo que las partes individuales.

Johann Gutenberg es un ejemplo clásico de construir algo nuevo combinando dos ideas previamente desconectadas. Gutenberg creó la primera imprenta reuniendo elementos del lagar y de la troqueladora de monedas. El propósito de la troqueladora de monedas era dejar una imagen sobre un área pequeña, como una moneda de oro. El lagar era, y aún es, utilizado para aplicar fuerza sobre un área grande para exprimir el jugo de las uvas. Un día Gutenberg, tal vez después de haber bebido una copa o dos de vino, se preguntó: «¿Qué pasa si tomo un montón de estas troqueladoras y las pongo bajo la fuerza de un lagar para que puedan dejar su imagen sobre el papel?». El resultado fue el inicio de la imprenta y los tipos móviles. Su método de producción de tipos móviles permaneció casi sin ningún cambio durante cinco siglos.

Luego está Pablo Picasso. Un día encontró una bicicleta vieja afuera de su casa. Después de observarla por un poco de tiempo, le quitó el asiento y las manivelas. Luego los montó de nuevo juntos en una forma diferente para crear la cabeza de un toro.

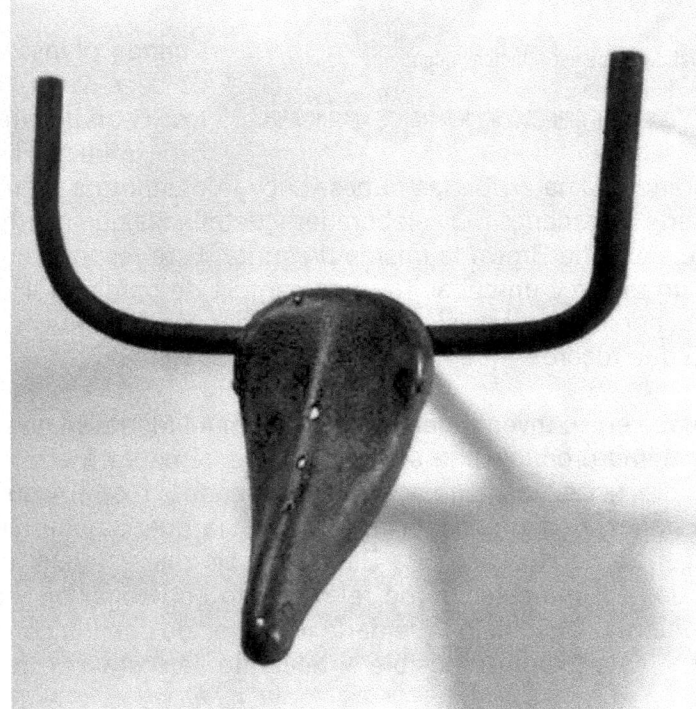

Leonardo Da Vinci llenó miles de páginas de cuadernos con sus ideas. Esos cuadernos dejan en claro que una de las técnicas de Da Vinci era ver las conexiones entre dos o más ideas sin relación entre ellas. Una vez Da Vinci estaba de pie cerca de un pozo y vio una piedra que cayó al agua en el mismo momento que sonó una campana en la torre de una iglesia cercana. Se dio cuenta de las olas causadas por la piedra que se extendían en círculos hasta que desaparecían. Concentrándose simultáneamente en los círculos en el agua y en el sonido de la campana, hizo la conexión que dio lugar a su descubrimiento de que el sonido viajaba en «ondas».

Es interesante especular que la Mona Lisa, probablemente el retrato más admirado en el mundo, pudo haber sido el resultado de la combinación de las mejores características de muchos rostros bellos que Da Vinci había observado. Tal vez es por eso que nunca ha habido un gran acuerdo acerca de la verdadera identidad de la modelo.

DIEZ CUALIDADES DE LOS LÍDERES DE JÓVENES CREATIVOS

Da Vinci también sugirió que puedes encontrar inspiración para ideas maravillosas si buscas en las manchas de las paredes, las cenizas de una fogata, la forma de las nubes y los patrones en el lodo. Él imaginaba ver árboles, batallas, paisajes, figuras. De acuerdo con sus cuadernos, Da Vinci incluso a veces lanzaba contra la pared una esponja llena de pintura y contemplaba las manchas.

> «La creatividad es la habilidad de ver relaciones donde no las haya».
>
> THOMAS DISCH, AUTOR Y POETA DE CIENCIA FICCIÓN NORTE AMERICANO

Cuando pienso en esto, no puedo dejar de recordar la escena de los *Peanuts* en donde Charlie Brown, Lucy y Linus están todos en el suelo mirando hacia arriba las nubes. Lucy le pregunta a Linus lo que ve, y él describe una serie de escenas muy elaboradas y detalladas que ocurren en las nubes. Y luego le hace a Charlie Brown la misma pregunta. Este responde: «Bueno... yo iba a decir que vi un patito y un caballito, pero cambié de opinión». Hay momentos en el ministerio cuando mi propia visión creativa parece tan limitada como la de Charlie Brown, y tengo que recordar que no me debo dar por vencido.

Mientras trabajaba en su invento del telégrafo, Samuel Morris se quedó perplejo ante la pregunta de cómo producir una señal lo suficientemente fuerte como para ser recibida a grandes distancias. Los generadores más grandes fueron insuficientes porque la señal se desvanecía en proporción a la distancia que viajaba. Un día, mientras viajaba en diligencia de Nueva York a Baltimore, vio que estaban reemplazando los caballos cansados en una estación de relevo. Hizo una conexión y encontró la respuesta a su problema. La solución fue darle impulsos de energía constante a la señal mientras viajaba. Esta idea hizo posible el telégrafo de costa a costa.

He descubierto un truco divertido que combina una moneda y un globo. Pon la moneda dentro de un globo de látex transparente. Infla el globo y amárralo. Sostén el globo con una mano por la parte superior cerca del nudo o la parte inferior del globo y comienza a rotar tu muñeca. Al principio la moneda rebotará dentro del globo. Si sigues, finalmente la moneda se volteará sobre el borde y comenzará a girar alrededor de la superficie interior. Una vez que la moneda esté girando, deja de rotar tu muñeca y simplemente sostén el globo con tu mano en la punta. La moneda girará por más de tres minutos. Haz que tus jóvenes intenten esto y vean cuánto pueden hacer que gire la moneda. (También puedes intentar con una canica, pero no se mantendrá girando por mucho tiempo.)

Luego intenta poner otros objetos pequeños en el globo (como pedazos pequeños de dulce) y luego lanza por todos lados del salón el globo. Te sorprenderás cuánto el peso ligero afectará el vuelo del globo.

PREGUNTAS SIN HACER

Muy bien, ahora te toca a ti intentar combinar objetos y crear algo nuevo. Escoge tres elementos de los dibujos de la siguiente página y escribe una oración. Por ejemplo, si escogiste una plancha, nieve y una rosa, podrías inventarte lo siguiente: «Tomé la plancha y derretí la nieve en la montaña para regar la rosa». ¿Tienes la idea? No hay respuestas incorrectas. Diviértete.

> «Hace algunos años nos encontrábamos de viaje misionero en Ecuador, cuando uno de mis jóvenes me recordó lo ingeniosos que pueden ser los adolescentes. Nuestra tarea era pintar el techo de uno de los hangares del aeropuerto de aviación misionero. Tomamos una máquina de aire comprimido para pintar. Como estábamos muy lejos en la jungla, y no había forma de reemplazar partes, orábamos para que la máquina siguiera funcionando. Efectivamente, después de un par de días de trabajo la máquina se descompuso; una junta se rompió y la pintura se escurría de la máquina. La tecnología nos había fallado. ¿Qué se suponía que hiciéramos ahora?
>
> Buscamos una junta extra sin nada de suerte. Luego uno de mis jóvenes preguntó si le podíamos dar un botón de la camisa de uno de los hombres que trabajaban con nosotros. Cortó el botón de la camisa del hombre, caminó hacia la perforadora e hizo una perforación en medio del botón. Lo vimos caminar hacia la máquina de pintura y reemplazar la junta rota con el «botón» que acababa de preparar. Habíamos sido adormecidos por la tecnología pensando que solo una parte mecánica funcionaría, pero estábamos equivocados. La máquina siguió trabajando sin parar por el resto de la semana y fuimos capaces de completar nuestro trabajo gracias a la ingeniosidad y creatividad de uno de los jóvenes que ¡no estaba limitado por la tecnología!».
>
> DAVE AMBROSE EN *THE CORE REALITIES OF YOUTH MINISTRY*, DE MIKE YACONELLI

DIEZ CUALIDADES DE LOS LÍDERES DE JÓVENES CREATIVOS

5 CATALIZADORES DE LA CREATIVIDAD

En términos científicos, la palabra catalizador se refiere a la sustancia que acelera una reacción química. Los catalizadores ayudan a poner un proceso en marcha, y lo ayudan a moverse más despacio o más deprisa.

Con frecuencia nuestra creatividad requiere un catalizador, una clase de estímulo que nos puede ayudar a movernos y mantiene ardiendo nuestra llama creativa. En este capítulo daremos un vistazo a algunos de los catalizadores más importantes de la creatividad.

¿CUÁL ES TU MOTIVACIÓN?

Es simple: Las personas que están más fuertemente motivadas a alcanzar una tarea tienden a ser más creativas que las que no lo están. Si tienes una buena razón para querer terminar un trabajo, y hacerlo bien, te enfrentarás a ese trabajo con ingenio y creatividad.

Pero, ¿qué clase de motivación sirve como el mejor catalizador para la creatividad? La motivación viene en dos formas. La primera, la motivación extrínseca, se refiere a la motivación que viene de afuera y tiene una larga historia en la influencia del comportamiento. B. F. Skinner hizo un buen número de experimentos psicológicos bien conocidos que ilustran el poder de los premios como motivación. En el más famoso de ellos se coloca una rata en una caja que contiene un botón y un dispensador de comida. Si la rata sube al botón recibe un premio, en este caso bolitas de comida. El premio proporciona la motivación que impulsa a la rata a seguir pisando el botón para obtener más comida.

> «Un grupo de jóvenes adultos extremadamente brillante (con un coeficiente de inteligencia promedio de ciento cincuenta y ocho), participó en un estudio para determinar los efectos de las múltiples formas de estimulación sensorial para la creatividad. Durante un período de cinco semanas, los sujetos experimentales fueron sentados en un salón oscuro y estimulados con señales de alta frecuencia como un oscilador, incienso, un vibrador de piso y música fuerte. Cada semana, antes y después de ser estimulados, se les daban cinco minutos para hacer el dibujo de un jarrón con flores, utilizando lápiz y crayones. Un panel de artistas juzgaba los dibujos realizados después de la estimulación y eran más creativos que los que se hacían antes. Por supuesto, sería arriesgado generalizar mucho a partir de este estudio, sobre todo porque los sujetos eran extraordinariamente inteligentes (y jóvenes), aunque sí sugiere que la estimulación sensorial puede tener efectos beneficiosos en la creatividad».
>
> DOROTHY LEONARD Y WALTER SWAP, *CUANDO SE ENCIENDE LA CHISPA*

La motivación extrínseca puede incluir no solo recompensas, sino también refuerzos negativos, como un castigo. La culpa es una forma de castigo que muchos pastores de jóvenes usan para intentar motivar a otros. Amenazamos, amedrantamos, gruñimos,

CATALIZADORES DE LA CREATIVIDAD

rugimos, nos resentimos y nos convertimos simplemente en perfectos antipáticos con la esperanza de persuadir a los jóvenes o a los voluntarios adultos a hacer lo que esperamos que hagan.

Así que, ¿qué efectividad tienen estos motivadores externos para realzar la creatividad? La respuesta: No mucha. Incluso si la amenaza de castigo funciona para motivar a las personas por poco tiempo, el problema es que una vez cesa la presión, también lo hace la respuesta. Y lo mismo sucede con los premios: una vez se quita el premio, se va la motivación.

Teresa Ambile, psicóloga de la Facultad de Administración en Harvard, examinó los efectos de los premios extrínsecos en la creatividad, en un estudio que involucraba a más de 100 niños. Descubrió que los niños que no tienen la oportunidad de obtener un premio por resolver un problema pudieron hacerlo mucho más rápido que los niños que recibirían una recompensa por hacerlo.

La motivación intrínseca tiende a ser más efectiva para mejorar la creatividad. Las personas que son motivadas de manera intrínseca son gente con iniciativa propia que no necesita la amenaza del castigo ni la promesa de la recompensa para ser creativos. Su motivación les sale de dentro.

PERCEPCIÓN DE LA CREATIVIDAD

Estar debidamente motivados es un ingrediente clave en el proceso creativo, pero no el único. Voy a motivarte a involucrar tus sentidos en el proceso creativo. Cada uno de nuestros cinco sentidos principales: la vista, el oído, el gusto, el tacto y el olfato, pueden utilizarse efectivamente como catalizadores para realzar y expandir nuestra creatividad.

Primero, veamos (valga la redundancia) el sentido de la vista. El setenta y cinco por ciento de la información que los seres humanos reciben de su entorno viene de su vista, lo que lo convierte en el más importante de los cinco sentidos. Nuestro sentido de la vista depende de que los ojos tomen la información y que el cerebro encuentre el sentido de lo que ven nuestros ojos. Pero algunas veces la información que reciben los ojos engaña al cerebro. El poder persuasivo de algunas imágenes es tan fuerte que nos puede llevar a extraviarnos, incluso se pueden utilizar como instrumentos de propaganda. Aquí hay algunos ejemplos de imágenes visuales que pueden engañar al cerebro:

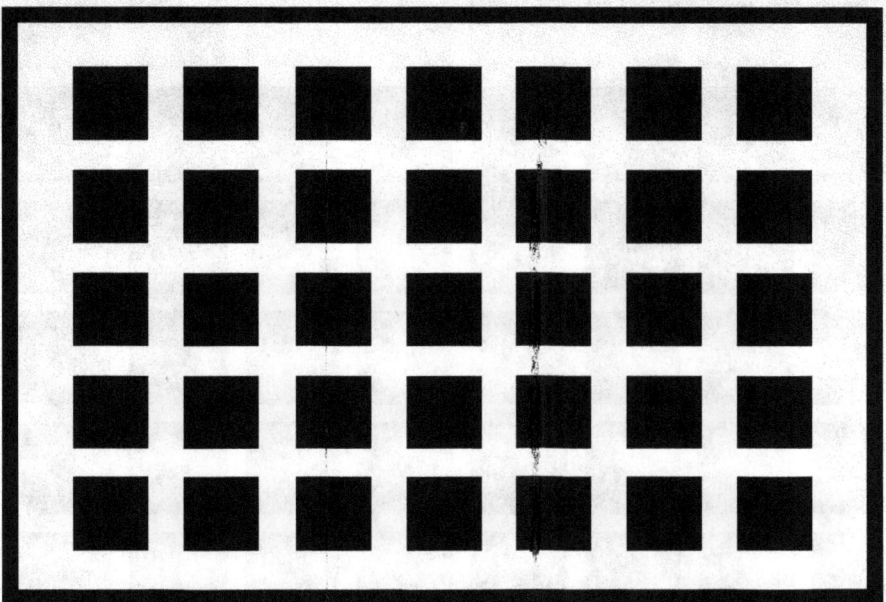

¿Ves áreas grises entre los cuadros?

CATALIZADORES DE LA CREATIVIDAD

Cuenta los puntos negros.

Aunque es cierto que nuestros ojos pueden engañarnos algunas veces, las imágenes visuales son también una de las formas principales de transmitir la verdad y la información. Leonardo Da Vinci usó dibujos, diagramas y gráficas como las formas principales de capturar la información, formular y resolver problemas. En los cuadernos de Leonardo, los puntos de enfoque eran los diagramas y los dibujos, no las palabras. El lenguaje tomó un segundo lugar para Leonardo. Él vio el lenguaje como una forma de nombrar, o de describir descubrimientos, pero no como el camino principal para hacer nuevos descubrimientos.

A pesar de que las palabras evolucionaron de dibujos y símbolos, esto no significa que las palabras sean más avanzadas. Como muchas personas han dicho, una imagen vale más que mil palabras. Hay estudios que han mostrado que las personas recuerdan mucho mejor las imágenes que las palabras escritas o habladas. Así que llena esas presentaciones de PowerPoint con imágenes y gráficas y elimina tantas palabras de las diapositivas.

El color es otro poderoso comunicador visual. Dios creó el color como uno de los idiomas de la naturaleza. Los colores tienen significado, y hablan mucho. Es-

tos afectan nuestro humor, despiertan emociones y nos ayudan a definir nuestro mundo. Si entendemos el significado fundamental de los colores, podremos usarlos para realzar nuestras experiencias en el ministerio y en la creatividad.

El pintor holandés Vicente Van Gogh estaba muy interesado en cómo los colores simbolizaban las emociones. Un ejemplo de su uso del poder de color fue a través de sus famosas pinturas de su habitación en Arles. Van Gogh pintó la misma escena tres veces diferentes, variando solo los colores.

> «Podría darte una explicación larga de la diferencia entre los estrechos espectros de luz y la luz de espectro completo, pero esto es lo que necesitas saber: Depende cuanto puedas de la luz natural. Las bombillas fluorescentes y el parpadeo de la pantalla de la computadora te fuerzan la vista, te cansan más fácilmente, degrada tu concentración, hacen que cometas más errores e incluso pueden ponerte gruñón. La luz natural (de espectro completo) es universalmente mejor. Busca bombillas que produzcan luz que se asemeje más a la luz natural del sol».
>
> JEFF WHITE, *HOLY WOW*

En una carta a su hermano, Van Gogh describe en detalle sus opciones de color en uno de estos cuadros:

> «Esta vez es simplemente mi dormitorio, solo aquí el color lo es todo [...] las paredes son violeta pálido. El suelo es de tejas rojas. La madera de la cama y las sillas es amarilla como la mantequilla fresca. Las sábanas y las almohadas

CATALIZADORES DE LA CREATIVIDAD

de un muy ligero citrón verdoso. La colcha escarlata. La ventana verde. La mesa del aseo naranja. La palangana azul. Las puertas lila».

En otros escritos Van Gogh describía lo que representaba cada color. Las paredes blancas provocaban una atmosfera de silencio y sueño. El suelo rojo y el techo sugerían calidez e inspiración. El amarillo de la silla y de la cama era para hacerlas cómodas e invitadoras. El azul de la palangana sugería agua fresca, mientras que el verde del marco de la ventana recordaba la naturaleza. Cada color fue escogido con conocimiento de su significado, propósito e impacto emocional.

En su libro *Holy Wow*, Jeff White sugiere esta colección básica del color que se puede utilizar como referencia en tus actividades creativas:

- Turquesa (azul verdoso) — Frío, analítico, inteligente
- Celeste — Tranquilo, verdadero, honesto
- Violeta — Profundo, atento, reflexivo
- Morado — Real, majestuoso, emocionante
- Malva — Elegante, culto, impresionante
- Rosa — Sensible, amoroso, femenino
- Rojo — Poderoso, agresivo, exige atención
- Naranja — Estimulante, enérgico, penetrante
- Oro — Rico, soleado, alegre
- Amarillo — Sorprendente, ansioso, agudo
- Lima — Juvenil, fresco, ingenuo
- Verde — Maduro, fuerte, natural
- Blanco — Puro, pacífico, estéril
- Negro — Elegante, misterioso, serio

White sugiere utilizar colores específicos como catalizadores para el trabajo creativo. Por ejemplo, si estás enfocando una sesión en un tema como las relaciones o la pureza sexual, podrías imprimir el material en papel rojo. Si estás creando una lección acerca de las decisiones, podrías tomar ventaja de los colores neutros como el gris o el azul claro. Ya sea que te des cuenta o no, el color comunica, así que asegúrate de que esté comunicando lo que quieres.

Tu productividad podría verse afectada por los colores de tu salón de jóvenes, tu oficina, incluso tu protector de pantalla de la computadora. En un estudio del 2008 en una revista de ciencia, investigadores de la Universidad de Columbia Británica examinaron a grupos de personas que veían imágenes o palabras exhibidas sobre fondos rojos, azules o neutros en pantallas de computadora. El grupo rojo obtuvo

mejores resultados en pruebas de memoria y atención al detalle, tales como recordar palabras o revisar ortografía y puntuación. El grupo azul obtuvo mejores resultados en las pruebas que requieren invención e imaginación, tales como darle usos creativos a un ladrillo. Otro estudio descubrió que las personas que asistían a una fiesta eran más propensas a elegir una habitación amarilla o roja que una azul. Estos invitados en la habitación roja y amarilla eran más sociables y activos; sin embargo, las personas que optaron por la habitación azul se quedaban más tiempo.

Aunque podamos recibir la mayoría de nuestra información por nuestro sentido de la vista, no subestimes el efecto de nuestros otros sentidos en la creatividad. Piensa en el sentido del oído. Los estudios han mostrado que diferentes sonidos y varias clases de música pueden en realidad reducir o acelerar nuestras ondas cerebrales. La música clásica y ciertas formas de jazz han mostrado una capacidad mensurable para optimizar la actividad craneal. Pero lo más increíble es que no importa qué tipo de música escuches; casi cualquier tipo de música te ayudará a estimular ideas creativas.

> «Un día, mientras caminaba por los túneles del aeropuerto de Heathrow hacia el metro de Londres, noté un destacado anuncio de HSBC, uno de los bancos más grandes del mundo. El anuncio llamó mi atención inmediatamente porque cubría las paredes de todo el camino desde el aeropuerto hasta el metro. Consistía en varios sets de tres imágenes. Uno de los carteles mostraba tres imágenes idénticas de cuadros amarillos. El primer cuadro estaba etiquetado USA y debajo de él estaba la palabra *cobardía*, lo que indica que era lo que el color amarillo representa en ese país. El cuadro amarillo al lado estaba etiquetado con la palabra Malasia y debajo de ella estaba la palabra *realeza*. El último estaba etiquetado Venezuela, seguido de las palabras *ropa interior de la suerte.*
>
> Un poco más lejos había otro cartel mostrando tres imágenes idénticas de un saltamontes. Una imagen estaba etiquetada con la palabra USA y subtitulada con la palabra plaga. La imagen de en medio estaba etiquetada con la palabra China y subtitulada con la palabra mascota. Y la última estaba etiquetada N. Tailandia y subtitulada con la palabra aperitivo. ¿Captas la idea?».
>
> FRANS JOHANSSON, *THE MEDICI EFFECT*

El sentido del tacto también es tremendamente importante. Tu piel contiene una multitud de receptores diferentes, incluyendo terminaciones nerviosas especializadas que sienten cosas como presión, vibración, tensión, dolor y temperatura. Tu cerebro sabe qué clase de sensor se activa y en qué parte del cuerpo se activa, porque cada sensor tiene una «línea privada» que lleva solo una clase de información al cerebro. Algunas partes de tu cuerpo son más sensibles que otras. Tus dedos contienen más receptores que tus codos cuando tratas de descubrir qué es algo.

A los estudiantes (especialmente a los hombres) les gusta poder moverse de un lado a otro, tocar y experimentar con objetos; así que trae muchos objetos físicos a tu

CATALIZADORES DE LA CREATIVIDAD

ambiente de grupo de jóvenes. Mientras estamos hablando de cómo se «sienten» las cosas, también me gustaría añadir que debemos tener en cuenta siempre cómo las diversas experiencias que planeamos harán sentir emocionalmente a nuestros jóvenes.

> «¿Recuerdas a tu mamá advirtiéndote que no escucharas música con volumen alto porque podrías arruinar tus oídos? Pues tenía razón. En los Estados Unidos un tercio de las personas mayores de sesenta y la mitad de los mayores de setenta y cinco han perdido su audición. La causa más común es la exposición prolongada a ruidos fuertes. Las personas que nacieron durante la explosión de la natalidad están perdiendo su audición antes que sus padres y abuelos, presuntamente porque nuestros mundos son más ruidosos de lo que solían ser. Algunos expertos están particularmente preocupados por los reproductores portátiles MP3 como el iPod, el cual puede reproducir música por horas con un volumen muy alto sin tener que recargarlo».
>
> SANDRA AAMONDT Y SAM WANG, *ENTRA EN TU CEREBRO*

Ahora, involucremos el sentido del gusto. Hay cinco sabores básicos: salado, dulce, ácido, amargo, y umami. Umami es el sabor salado que se encuentra en la carne o champiñones cocidos o en la comida que contiene MSG (glutamato mono sódico). En nuestro idioma no existe una palabra para este sabor, y es por eso que se usa el término japonés. El gusto puede ser un catalizador estimulante para la creatividad así como una forma poderosa de experimentar la verdad de Dios. El Salmo 34.8 dice: «Prueben y vean que el Señor es bueno». La Biblia está llena de referencias para la palabra probar, y muchas de ellas son figurativas. Dios nos dio la lengua con la sensibilidad más desarrollada de todos nuestros sentidos y usa muchas metáforas en la Biblia acerca de la comida para ayudarnos a entender sus caminos. Parece que a Jesús le gustaba usar la comida como parte de sus enseñanzas; piensa en la Santa Cena con el pan y el vino, los milagros de los panes y los peces, y muchas de sus parábolas. Parece que pensó que las personas recordarían mejor la lección si la saboreaban.

Finalmente exploremos el sentido del olfato. La aromaterapia es popular por una razón: funciona. Algunos aromas son calmantes y pueden relajar el cuerpo y la mente. Los olores más intensos pueden estimular respuestas más fuertes.

Los olores pueden traer una avalancha de recuerdos muy intensos. Esto se conoce como el efecto de Proust, nombrado así por Marcel Proust, un autor francés que escribió sobre cómo los olores pueden recordar experiencias olvidadas de mucho tiempo. Los olores también tienen asociaciones emocionales fuertes. Piensa en la tarta de manzana de tu abuela, el olor a hojas quemadas o el café fresco en la mañana. Las emociones incitan acción.

Los buenos negocios entienden el poder del olfato. Se ha estimado que tener el olor

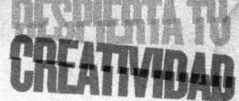

del chocolate en una tienda de dulces puede incrementar las ventas en un sesenta por ciento. Starbucks no les permite a sus empleados usar perfume en sus horas de trabajo porque este interfiere con el aroma seductivo del café que venden.

Si un olor específico positivo puede provocar un recuerdo de la relación de un adolescente con Dios, dejará una huella indeleble e incluso eterna. Pero ten cuidado al saber que el olor también tiene poder negativo. Si el salón del grupo de jóvenes huele de manera desagradable la primera vez que un joven asiste a tu grupo, hay una gran probabilidad que ese joven no quiera volver, y él ni siquiera se dará cuenta del porqué.

Los líderes de jóvenes creativos reconocen la importancia de incluir experiencias multisensoriales en las reuniones del grupo de jóvenes. Las múltiples señales servidas a través de los diferentes sentidos aceleran nuestras respuestas, aumentan la precisión, aumentan la detección de la estimulación y enriquecen la codificación en el aprendizaje.

Aquí hay un ejercicio para hacerte pensar en cómo podrías incorporar todos los sentidos en tu trabajo con la juventud. Supón que estás planificando un programa de Navidad. Te podrías hacer algunas preguntas, o a tu equipo, sobre lo que viene a tu mente cuando piensas en la Navidad. Probablemente obtendrás varias respuestas. Pero he descubierto que puedes incrementar el número de respuestas haciéndolo de esta manera:

¿Qué aspecto tiene la Navidad?
Ejemplos: Árboles, nieve, luz, ángeles, regalos

¿Qué sonido tiene la Navidad?
Ejemplos: Campanas, risas, villancicos, papel de regalo

¿A qué sabe la Navidad?
Ejemplos: Chocolate, dulces, tarta de calabaza, ponche

¿A qué huele la Navidad?
Ejemplos: Galletas, pino, turrón, pavo, sidra

¿Cómo se siente la Navidad (físicamente)?
Ejemplos: Frío, chimenea caliente, nieve

¿Cómo se siente la Navidad (emocionalmente)?
Ejemplos: Feliz, festivo, amor, ocupado, triste, depresivo, solo

CATALIZADORES DE LA CREATIVIDAD

Puedes tomar todas estas ideas y crear una charla o una representación teatral, o decidir un tema para explorar en tu programa navideño. Se te ocurrirán más ideas de esta manera que si solo preguntas cuáles son las percepciones sobre la «Navidad».

JUGUEMOS

Una de las formas más divertidas de acelerar la creatividad es a través del uso del juego. La necesidad podría ser la madre de la invención, pero el padre seguramente es el juego.

El juego y el ejercicio aumentan la creatividad porque cuando juegas y haces ejercicio se crean unas proteínas muy pequeñitas llamadas BDNF. Estas proteínas actúan como Miracle-Gro para tu cerebro. Amplias evidencias apuntan a los enormes benficios para la salud y profesionales de la risa, despreocupación, los juegos, y el humor. Por supuesto, también hay un tiempo para estar serios. Pero mucha seriedad puede ser mala para tu ministerio y peor para tu bienestar general.

> «La plastilina es un artículo que toca muchas bases sensoriales. En parte es por el olor, el cual me lleva de regreso a mi niñez. En parte es por la forma en la que se siente tan maleable, blanda y tibia. En parte es por la forma en la que se ve: un bulto grande, brillante y feliz. Me hace querer hacer algo con ella. Me da ideas».
>
> DOUG HALL, *JUMP START YOUR BRAIN*

De acuerdo con el diario *Wall Street Journal*, más de 50 empresas europeas, incluso las firmas menos estrafalarias como Nokia, Daimler-Chrysler y Alcatel, han llevado consultores para ayudarlos a utilizar el juego para mejorar la creatividad. Estas empresas reconocen que cuando jugamos somos infantiles y comenzamos a comportarnos de forma creativa y espontánea. Tanto el juego como la creatividad suelen involucrar el uso de objetos y acciones nuevas o formas fuera de lo común.

Una técnica de algunas de estas empresas es utilizar bloques de construcción de Lego para capacitar a los ejecutivos. Lego fue fundado en 1932 por Ole Kurt Christiansen, quien era carpintero de profesión. El nombre viene de usar dos palabras de origen danés: Leg (que significa «jugar») y godt (que significa «bien»). Así que Lego significa «jugar bien». Ole hizo los primeros bloques de Lego de madera, y luego los cambió a plástico, después que su planta original se incendiara. En el 2008 la empresa celebró su décimo quinto aniversario de utilizar el estilo de piezas que tenemos ahora. Se estima que los niños del mundo pasan cinco millones de horas al año jugando con estos bloques, y yo pienso que la mayoría de los adultos podrían beneficiarse de pasar un poco más de tiempo «jugando bien».

C. S. Lewis una vez escribió: «Cuando yo tenía diez años leía cuentos de hadas en secreto y me habría sentido avergonzado si me hubieran encontrado haciéndolo. Ahora que tengo cincuenta los leo abiertamente. Cuando me convertí en un hombre, puse a un lado las niñerías, incluyendo el miedo a la puerilidad y el deseo de ser muy adulto». Pienso que Lewis entendió la verdad de Proverbios 17.22: «Gran remedio es el corazón alegre, pero el ánimo decaído seca los huesos». Tú no dejas de ser juguetón porque creces y te haces viejo, te haces viejo porque dejas de ser juguetón.

> «No dejes para mañana la diversión que puedes tener hoy».
>
> ALDOUS HUXLEY

Uno de los secretos creativos más grandes de Walt Disney era su habilidad para sacar el niño que sus socios de negocios llevaban dentro y combinarlo con su experiencia empresarial. Como él hacía el trabajo divertido, sus socios trabajaban y jugaban juntos con un afán misionero. Disney era un verdadero genio que tuvo la colaboración creativa que necesitaba para crear un ambiente divertido y juguetón a conciencia.

Einstein ha sido descrito como el niño perpetuo. El gran científico estaba muy consciente de las similitudes entre los patrones de pensamiento de los pensadores creativos y de los niños juguetones. De hecho, fue Einstein quien le sugirió a Piaget que investigara qué pensaban los niños de la velocidad y del tiempo, para así inspirar una de las líneas más esclarecedoras de la investigación del psicólogo.

Aquí hay un juego simple creado por uno de mis jóvenes, Josiah Gellsinger. Él le llamó al juego WAG (Juego de asociación de palabras, por sus siglas en inglés). Él buscaba jóvenes en su dormitorio o en la cafetería y hacía que se sentaran en un círculo o alrededor de una mesa. Un joven comenzaría con el juego diciendo una palabra en voz alta, cualquier palabra. La persona a su izquierda diría una palabra relacionada de alguna forma con la primera palabra. La siguiente persona diría cualquier palabra en relación a la palabra anterior y así sucesivamente. Las palabras elegidas con frecuencia van a direcciones únicas y extrañas. Si una palabra no parece estrechamente asociada con la palabra anterior, cualquier jugador puede cuestionarla, y la persona que la dijo tiene que explicar la asociación. He visto a los jóvenes jugar este juego por horas. Esto les ayuda a conocerse mejor unos a otros, estimula la mente e invita a la creatividad.

CATALIZADORES DE LA CREATIVIDAD

TODO ESTÁ A TU ALREDEDOR

¿Qué tiene que ver el ambiente físico que te rodea con la creatividad? Podría decir muy poco de la creatividad directamente, pero indirectamente puede comunicar mucho. Tu oficina y el salón de reuniones de jóvenes hacen declaraciones poderosas del valor que le da tu ministerio a la creatividad. El ambiente físico nos habla en voz alta, sin comunicación verbal.

Debes hacer que tu salón de reuniones de jóvenes y tu oficina sean divertidos, alocados, acogedores y cómodos. Llena tus salones con objetos interesantes y estimulantes para ayudar a crear un ambiente creativo y divertido. Echa un vistazo a estos salones juveniles que fueron caracterizados en una presentación CORE de Especialidades Juveniles (la motocicleta está siendo utilizada como pódium):

En algún momento tuve una de las mayores colecciones del mundo de las revistas y otros coleccionables de *Mad*. Mi oficina solía estar llena de estos artículos locos, pero he vendido la mayor parte de ellos en los últimos años. También he tenido un par de oportunidades de visitar las oficinas de *Mad* en la Avenida Madison, en el centro de Manhattan. ¡Qué lugar más interesante! En el momento en que te bajas del ascensor en el piso de ellos, sabes que ese es un lugar divertido. Había un montón de cosas tontas e interesantes en las paredes y los escritorios, y colgando de los techos de las oficinas. A Bill Gaines, editor de *Mad* durante más de cuarenta años, le encantaban los zepelines, y tenía una oficina llena de ellos.

Bill también tenía una forma creativa de ahorrar tiempo de trabajo. En su escritorio tenía una almohadilla con tinta y una pequeña caja de metal con cerca de 20 sellos de goma, cada una con una frase diferente. Bill solía contestar la correspondencia estampando una carta que llegaba con uno o más de estos sellos, añadiendo su firma, y luego poniendo otra vez la misma carta en un sobre nuevo y devolviéndolo al remitente.

Bill Gaines y Les Chirtie en 1985

Las oficinas de Especialidades Juveniles se han mudado recientemente, pero su antigua sede en El Cajón, California, solía exhibir una locura creativa similar. Había cosas divertidas por todas partes, con los espacios de trabajo de todo el mundo o la oficina luciendo de forma un poco diferente. La sala de descanso tenía un tema de la década de los años cincuenta, con una máquina de discos y muebles de colores brillantes. Ambientes como esos suscitan la creatividad.

Debes hacer que tanto tu salón del grupo de jóvenes como tu oficina sean la clase de lugar que atrae a los jóvenes. Los mejores salones de jóvenes se parecen a un pozo de agua en África, donde los animales que tal vez no tendrían ninguna razón para reunirse se juntan para pasar el rato, incluso gacelas con jirafas y cebras con elefantes. He escuchado que si hay una sequía severa, un ñu puede incluso tomarse un trago de vez en cuando mientras los leones están al otro lado del charco. Los pozos de agua de la juventud incluyen no solo sus oficinas y salas de jóvenes, sino también cualquier otro lugar que reúne jóvenes de manera informal e impredecible.

CATALIZADORES DE LA CREATIVIDAD

ALGO NUEVO TODOS LOS DÍAS

Esto puede parecer muy obvio, pero muchas veces nos perdemos los catalizadores de la creatividad que están presentes en nuestras experiencias cotidianas. En 1887, John Boyd Dunlop se dio cuenta de que a su hijo le estaba resultando muy incómodo andar en triciclo sobre las calles adoquinadas. El estímulo de una manguera de jardín (un objeto cotidiano) pulsando agua, le dio una idea. Envolvió un tubo de goma hueco alrededor de los bordes de las dos ruedas de su bicicleta y llenó de aire e inventó el neumático.

Crecer en el oeste de Los Ángeles en los años cincuenta me dio la oportunidad de ver algunas de las primicias. Tuve la oportunidad de visitar Disneylandia con mi familia el primer año que abrió. Una de las primeras vueltas que di fue en el crucero en barco por la jungla. Aún recuerdo los comentarios del guía turístico mientras entrábamos detrás de una catarata: «Hoy están viendo la parte trasera del agua». Estábamos recibiendo una perspectiva diferente de algo que veíamos todos los días.

La realidad es que nos perdemos un montón de lo que nos rodea en nuestras experiencias diarias; pero cuando les prestamos atención solemos encontrar algo significativo o diferente. Un famoso experimento demostró cómo las personas pueden no ver lo que tienen delante. En este experimento realizado en 1999, Daniel Simons y Christopher Chabris le pidieron a las personas que vieran un vídeo clip y contaran las veces que los jugadores de dos equipos de básquetbol se pasaran el balón. A medida que se centraban en el jugador que pasaba la pelota, casi la mitad de los observadores no se percató de un hombre en traje de gorila que entró por la derecha y salió por la izquierda. El clip demostró que muchas veces no vemos las cosas a las que no les prestamos atención, incluso cuando estén frente a nuestros ojos. Solo percibimos una fracción de lo que está sucediendo en el mundo a nuestro alrededor.

Aquí hay otro ejemplo de cómo a veces no vemos lo que tenemos delante. Lee lo siguiente:

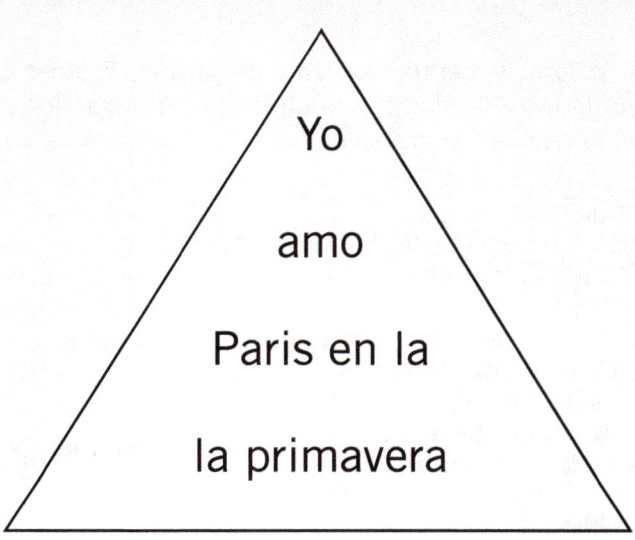

Puesto que las palabras *Yo amo Paris en la primavera* son muy familiares para muchas personas, con frecuencia dejan de ver que la palabra *la* aparece dos veces. Sin embargo, si te concentras en leer una palabra a la vez y ves lo que hay (en lugar de lo que esperas ver), es fácil darse cuenta del segundo *la*.

Piensa en el logo de FedEx que está impreso en los lados de los camiones de la empresa de entrega. Probablemente has visto ese logo miles de veces. Déjame hacerte tres preguntas sobre esto.

- ¿Cuál es el color del «Fed» en el logo?
- ¿Cuál es el color del «Ex»? (¿Entendiste ambas preguntas? ¿Lo ves? ¡Lo haces bien!)
- Ahora, ¿de qué color es la flecha?

¿Estás preguntando: «¿Qué flecha?»? La próxima vez que veas uno de estos camiones, mira de cerca el área blanca entre la E y la X en el rótulo. Nunca volverás a ver el logo de FedEx de la misma forma.

O revisa el empaque de los chocolates Kisses de Hershey. ¿Has notado la imagen de la golosina en el mismo logo? Si no, sigue mirando, la encontrarás en medio de la K y de la i. Haz un esfuerzo consciente en tu día a día en tu vida ordinaria y trata de ver las cosas de manera diferente. Ya sea que estés caminando, haciendo trabajo de jardinería, limpiando, cocinando, manejando bicicleta o conduciendo, trata de detenerte y ver alrededor a donde sea que puedas. Podrás encontrar algo que nunca

CATALIZADORES DE LA CREATIVIDAD

antes has notado.

Mientras meditaba en cómo hacer un filamento de carbón, Thomas Edison jugaba sin pensar con un trozo de masilla, dándole vueltas y vueltas con los dedos. Al mirarse las manos le golpeó la respuesta: darle vueltas al carbón como a una cuerda.

> Cuenta las letras E en la siguiente oración:
> LOS ARCHIVOS TERMINADOS SON EL RESULTADO DE AÑOS DE ESTUDIO CIENTÍFICO EN CONJUNTO CON LA EXPERIENCIA DE LOS AÑOS.
>
> «Si encontraste menos de doce, probablemente ignoraste las de las palabras EL y EN. Si es así, probablemente estés pensando: "Por supuesto, estaba justo frente a mis ojos todo el tiempo". Generalmente no hacemos uso completo de nuestra habilidad para ver. Vemos el todo y no los detalles. Y los detalles algunas veces contienen el germen de una idea que nos llevará a un adelanto creativo».
>
> MICHAEL MICHALKO, *LOS SECRETOS DE LOS GENIOS DE LA CREATIVIDAD*

Rara vez, si es que alguna vez ocurre, alguien crea algo completamente nuevo. Incluso la teoría de la relatividad de Einstein no era tanto una nueva creación, sino un descubrimiento de lo que ya estaba allí. Pero Einstein vio lo que otros no podían ver: inventó una nueva forma de observar cómo funciona el mundo.

Cuando vemos nuestras iglesias y nuestros programas juveniles en una luz o desde un ángulo completamente diferente, podemos encontrar nuevas formas de ministerio que asombrarán los calcetines a nuestros jóvenes y a nuestras congregaciones. Un grupo que conozco empezó un club de boxeo y un estudio bíblico. Este grupo percibió el estudio bíblico como parte de la disciplina que requería ser un luchador, y Dios continúa usando este ministerio poderoso. Otro líder de jóvenes que conozco desarrolló un programa de jóvenes que construye y corre carros en el circuito de carreras local. Qué grandes maneras de concebir actividades de grupos juveniles.

Como un artista que se aleja de sus pinturas para conseguir una nueva perspectiva, busca la manera de mirar lo cotidiano desde diferentes puntos de vista. A veces alejarse de una tarea por un periodo de tiempo puede darte una nueva perspectiva que necesitas. Alejarte por un momento es crucial para el proceso creativo. Cuando estás luchando por tener una solución o una nueva dirección, algunas veces podrás querer liberar la tensión, alejándote del problema u oportunidad actual.

Leonardo Da Vinci creía que era esencial ver algo desde por lo menos tres perspectivas diferentes para tener una base y entenderlo. Por ejemplo, cuando diseñó la primera bicicleta, él vio esta nueva forma de transporte desde el punto de vista de un inventor, luego desde el punto de vista de los inversores que iban a patrocinar los prototipos y la producción, y luego desde el punto de vista de un ciclista.

Un simple cambio de ángulos cambia dramáticamente lo que vemos. Cuando Henry Ford se involucró en el negocio de los automóviles, el pensamiento convencional era que tenías que «traer a las personas al trabajo». Él cambió esto a «traer el trabajo a las personas» e inventó la cadena de montaje.

¡EL ERROR ES CREATIVO!

La historia está llena de ejemplos de nuevas ideas importantes que se hicieron realidad a través de oportunidad, desgracia, error o «insensatez». La próxima vez que algo no vaya como lo esperabas, presta atención, ¡puedes estar al borde de un descubrimiento creativo!

Muchos avances creativos en medicina fueron el resultado de observaciones optimistas. Por ejemplo, el proceso de inmunología fue descubierto por Louis Pasteur cuando un asistente cometió un error y le dio una dosis muy débil de cólera a unos pollos. Esta dosis débil pareció proteger a los pollos de la dosis completa que se les dio después.

La mayoría de los niños en la escuela pueden decirte que cuando el explorador Cristóbal Colón llegó a orillas de Norteamérica por primera vez, equivocadamente creyó que había dado la vuelta al mundo y que había llegado a las Indias. Pero, ¿sabías que Colón intentó esa travesía hacia el oeste para las Indias, solo porque estaba utilizando la medida incorrecta? Estaba utilizando los cálculos derivados de las medidas incorrectas de Tolomeo sobre la circunferencia de un globo. Si Colón hubiese sabido las medidas correctas, las que habían funcionado para Eratóstenes (quien vivió en Alejandría antes de Tolomeo), probablemente nunca se hubiera hecho al mar, porque habría sabido que sus barcos no podrían llevar suficientes provisiones.

> «En 1904, Antoine Feutchwanger estaba vendiendo salchichas en una exposición en Louisiana. Primero intentó venderlas en platos individuales, pero era muy caro. Luego ofreció a sus clientes guantes blancos de algodón para evitar que las salchichas les quemaran los dedos. Los guantes también eran muy caros, y los clientes solían llevárselos puestos. Antoine y su cuñado, un panadero, se sentaron para descubrir qué objeto podrían añadir sin que resultase caro y evitar que los clientes se quemaran los dedos con las salchichas. Su cuñado dijo algo como: «¿Qué pasaría si horneo un pan largo y lo corto por la mitad para poder sostener la salchicha? Así tú puedes vender las salchichas y yo te vendo los panes. Quién sabe, podría hacerse popular».
>
> MICHAEL MICHALKO, *THINKERTOYS*

El teflón fue un descubrimiento accidental hecho por Roy Plunkett mientras trabajaba para DuPont en 1938. Esperando inventar un nuevo refrigerante, en lugar de

CATALIZADORES DE LA CREATIVIDAD

eso Plunkett creó una gota de polvo blanco ceroso que conducía el calor y que no se adhería a las superficies. Abandonó su línea original de investigación y continuó experimentando con su fascinante material, el cual finalmente se convirtió en el enormemente ganador Teflón. Cosas como estas suceden cuando te das la libertad de ver lo que no estás buscando.

Alexander Fleming no fue el primer doctor en notar el moho que se formaba en un cultivo expuesto cuando estaba estudiando las bacterias mortales. Los doctores menos dotados pasaron por alto esta clase de acontecimiento aparentemente irrelevante una y otra vez, pero Fleming sí lo consideró «interesante» y se preguntó si tendría potencial. Esta observación interesante condujo al desarrollo del primer antibiótico, la penicilina, la cual ha salvado millones de vidas.

La obra maestra de Miguel Ángel, David, fue en parte el resultado del intento fallido de otro escultor. Anteriormente, en 1463, las autoridades de la Catedral de Florencia adquirieron un trozo de mármol blanco de casi cinco metros de alto para convertirlo en una escultura. Dos reconocidos escultores trabajaron en la pieza y se dieron por vencidos, y el bloque gravemente mutilado acabó en un almacén. Cuarenta años después Miguel Ángel sacó del almacén el mármol «arruinado», y en 18 meses esculpió una de las estatuas más grandes del mundo.

Así que, cuando las cosas no salen como las planeabas, mantén tus sentidos abiertos, porque esas anomalías pueden desencadenar nuevas ideas y nuevas percepciones. Los descubrimientos casuales favorecen a la mente abierta y activa que está buscando conexiones de forma consciente. George de Mestral, el inventor suizo, no fue la primera persona en notar cómo los cadillos se pegaban a la ropa. Pero su curiosidad fue provocada, y cuando examinó el cadillo con su microscopio, vio que tenía cientos de ganchos pequeños que se enganchaban a los bucles de hilo de sus calcetines. Armado de ese conocimiento, inventó el velcro.

Cada vez que te sientas desilusionado y aburrido, trata de cambiar de escenario para inspirarte. Ve a una tienda naturista, a un bazar, a una tienda Brookstone, a una tienda Sharper Image, a una feria, a la biblioteca, a un museo, al mercado, a un asilo, a una tienda de juguetes o a una escuela secundaria. Escoge algo al azar y crea conexiones y relaciones en tu mente con el objeto y tu problema. Deambula con una mente abierta y espera encontrar algo que atraiga tu atención. Algo lo hará.

Muchas personas exitosas dicen que sus mejores ideas surgen cuando no están pensando en resolver sus problemas. Prepárate para ser sorprendido. Espera lo inesperado. Algunas veces la clave en la vida es reconocer las decepciones ocasionales y los desafíos presentes de la vida y afrontarlos de frente.

ES ALGO ASÍ COMO...

Otro catalizador creativo que puede ayudar a inspirar nuevas formas de pensar es la comparación. Tomando algo que no es familiar y comparándolo con algo más familiar, podemos incrementar nuestro entendimiento y liberar una nueva luz en situaciones desconocidas.

La Biblia está llena de comparaciones: analogías, símiles y metáforas; todas deseando inspirar nuevas formas de pensamiento. Jesús comenzó muchas de sus parábolas con la frase «El Reino de Dios es semejante a...» y luego usaba palabras e ideas familiares para ayudar a sus oyentes a entender lo que no pudiera ser plenamente comprendido. Y a lo largo de las Escrituras se describe a Dios utilizando comparaciones. Jesús hizo esto constantemente al comparar a Dios con una mujer que había perdido una moneda, o con un padre esperando con impaciencia el regreso de su hijo; y haciendo eso les daba a sus oyentes una nueva visión de cómo es Dios.

Vemos muchas comparaciones en el libro de Proverbios, especialmente en los capítulos veinticinco al veintisiete. En el libro *A Whack on the Side of the Head*, Roger von Oech ofrece la siguiente prueba utilizando versos de Proverbios. Ve si puedes conectar estas metáforas de los Proverbios con las ideas que representan. Si no estás seguro, ¡busca los versos!

Metáfora	Idea
1. Gotera constante en un día lluvioso (27.15)	A. Las palabras amables
2. Como frescura de nieve en día de verano (25.13)	B. El necio que insiste en su necedad
3. Como tener un diente careado (25.19)	C. El mensajero confiable
4. Nubes y viento, y nada de lluvia (25.14)	D. Meterse en pleitos ajenos
5. Como ciudad sin defensa y sin murallas (25.28)	E. El trato con el hombre
6. Como agarrar a un perro por las orejas (26.17)	F. El corazón que rebosa abominaciones
7. Como el hierro que se afila con el hierro (27.17)	G. Quien no sabe dominarse
8. Como miel (16.24)	H. La mujer que siempre pelea
9. Como contaminar un río (26.25)	I. Quien presume de dar y nunca da nada
10. Como perro que vuelve a su vómito (26.11)	J. Confiar en gente desleal

Con frecuencia podemos usar palabras o frases familiares para dar una imagen visual que ayude a explicar algo que no es familiar. Por ejemplo, la primera vez que los ingenieros en los laboratorios Dolby desarrollaron una tecnología reductora del ruido a finales de los años sesenta, necesitaban una imagen que ayudara a las personas

CATALIZADORES DE LA CREATIVIDAD

a entender lo que podía hacer el proceso. Así que compararon el proceso con el de una lavadora, que lava la suciedad (ruido) de la ropa (señal); de la misma forma la reducción de ruido se deshace del silbido y del ruido no deseado y limpia el sonido. Esa metáfora nos dio un nuevo punto de vista utilizando algo conocido para explicar algo desconocido.

Steve Jobs una vez explicó los beneficios de una computadora personal comparando la computadora con una bicicleta. La bicicleta amplía nuestra capacidad de ir de un lugar a otro. La computadora amplía nuestra inteligencia.

Algunas veces una comparación puede dar una imagen visual para explicar una idea. La capitana Grace Hopper fue una pionera de la computación que enseñaba en Harvard, Bernard y Vassar, y trabajó en Univac (uno de los primeros ordenadores que se han desarrollado). Una vez se le pidió que explicara lo que era un nanosegundo. Un nanosegundo es una milmillonésima de segundo, y es el intervalo de tiempo básico del reloj interno de un ordenador. Lo explicó utilizando un pedazo de hilo que medía 29,97 centímetros de largo. Ese hilo representaba la distancia en la que la luz viaja en una milmillonésima de segundo. Esto le dio a la gente una forma de ver la milmillonésima de segundo. (Hopper también es famosa por crear una expresión familiar para muchos de nosotros en el ministerio: «Es más fácil pedir perdón que pedir permiso».)

Una maestra de quinto de primaria en una escuela cristiana le pidió a su clase que vieran los comerciales de televisión y vieran si podían usarlos de alguna manera para comunicar ideas sobre Dios. Estos son algunos de los resultados:

- Dios es como... La aspirina Bayer: hace milagros.
- Dios es como... Ford: tiene una mejor idea.
- Dios es como... Coca-Cola: es auténtico.
- Dios es como... Las tarjetas Hallmark: le importas tanto para enviarte lo mejor.
- Dios es como... Tide: saca las manchas que otros dejan.
- Dios es como... General Electric: trae cosas buenas a la vida.
- Dios es como... Sears: tiene de todo.
- Dios es como... Alka-seltzer: pruébalo, te gustará.
- Dios es como... Cinta adhesiva Scotch: no lo puedes ver, pero sabes que está ahí.
- Dios es como... Delta: está listo cuando tú lo estás.
- Dios es como... Allstate: estás en buenas manos con él.
- Dios es como... Spray de Cabello VO-5: se mantiene en toda clase de clima.
- Dios es como... Jabón Dial: ¿No estás feliz de tenerlo? ¿No deseas que todos lo tengan?
- Dios es como... La oficina de correo de los Estados Unidos: Ni la lluvia, ni la nieve, ni la cellisca ni el hielo harán que no llegue a su destino asignado.
- Dios es como... Frosted Flakes: ¡Es graaaaannnndeeee!

A tu alrededor tiene posibles comparaciones que pueden ayudarte a pensar en situaciones viejas de nuevas formas. La próxima vez que estés frustrado, da una vuelta por tu casa, oficina o salón de reuniones y los terrenos que rodean el lugar. Busca objetos, situaciones o eventos que puedas comparar con el tema. Por ejemplo, tal vez estás buscando formas de comunicarte mejor con tu equipo de voluntarios. Caminas alrededor del estacionamiento y ves un bache. ¿En qué se parece la dificultad para comunicarte con tu equipo de voluntarios a un bache?

EN LA ALMOHADA

Dormir es uno de mis catalizadores favoritos. ¡En serio! Dormir te ayudará a ser más creativo. Nadie está seguro de por qué dormir es tan importante en la vida. Puedes pensar que tu cerebro descansa mientras duermes, pero hay estudios que muestran que mientras el resto del cuerpo está viendo algunas zzzz, las neuronas en nuestros cerebros se están disparando con furia la mayor parte de la noche. La única hora en la que tu cerebro realmente descansa (y aun así se mantiene activo) es cuando estás en la parte más profunda del sueño, llamada sueño no MOR, que representa alrededor del veinte por ciento de tu ciclo de sueño total.

> «Un estudio de la NASA mostró que una siesta de veintiséis minutos mejora el rendimiento de un piloto en más de un treinta y cuatro por ciento».
>
> JOHN MEDINA, *EXPRIME TUS NEURONAS*

Los científicos aún no saben exactamente cuánto sueño necesita cada individuo. Los horarios de sueño cambian con la edad y el género. La pubertad y el embarazo afectan las necesidades de dormir. Pero los científicos saben que somos disfuncionales cuando dormimos poco, y también cuando dormimos mucho. Necesitas determinar la cantidad de sueño que es correcta para ti.

A medida que envejecemos tendemos a dormir menos y algo de evidencia sugiere que necesitamos menos sueño. Los adolescentes necesitan más sueño, especialmente por las mañanas, así que es mejor para tus líderes evitar empezar clases antes de las nueve de la mañana.

Lyndon Baines Johnson, el presidente número treina y seis de los Estados Unidos, solía tomar una siesta de treinta minutos por las tardes. La práctica de una siesta es común en muchas culturas. Nuestros cuerpos necesitan esos recesos. Como orador público sé que el peor tiempo para tener programado hablar o dirigir un taller es a media tarde. La mayoría de los accidentes automovilísticos suceden durante la tarde, más que a otra hora del día.

CATALIZADORES DE LA CREATIVIDAD

Cuando dormimos reproducimos ciertas experiencias de aprendizaje de ese día. Tenemos que apagar el mundo exterior durante un período de tiempo. Nosotros aprendemos mientras dormimos. Una función del sueño puede ser consolidar recuerdos. El almacenamiento a largo plazo de la memoria parece sufrir una transformación de algún tipo durante semanas y meses a medida que nuestros recuerdos, hechos y experiencias se transfieren gradualmente desde un área de almacenamiento inicial en el hipocampo, a un lugar más permanente en la corteza.

> «Se estima que la falta de sueño les cuesta a las empresas estadounidenses más de cien billones de dólares al año».
>
> JOHN MEDINA, *EXPRIME TUS NEURONAS*

El punto es que soñar y meditar proveen oportunidades para el pensamiento subconsciente que pueden estimular la creatividad. Si se elimina la atención consciente, el cerebro no se detiene, pero las ideas empiezan a asociarse al azar. Estas se deshacen de las fuerzas de la lógica, de lo convencional y del hábito que normalmente impiden la vinculación desinhibida de pensamientos e información. Esto da una cantidad de tiempo ideal para la incubación. Los sueños son una fuente rica de ideas. Los sueños revelan cosas que no sabías que sabías.

Los investigadores han notado que la innovación creativa ocurre regularmente mientras duermes, o en otros períodos de baja agitación. Sin embargo, el pensamiento contemporáneo sugiere que el sueño toma las ideas existentes y luego las modifica, redefine y transforma en conceptos originales e innovadores.

Balzac, el gran novelista francés, una vez dijo que le gustaba trabajar a primera hora de la mañana para poder aprovechar el hecho de que su cerebro funcionaba mientras dormía. Le gustaba despertarse y actuar inmediatamente en el trabajo que el cerebro había estado haciendo toda la noche.

Cuando le preguntaron a Johann Sebastian Bach en dónde encontraba sus melodías, él dijo que el problema no era encontrarlas; el problema era levantarse en la mañana y no pisarlas. Thomas Edison algunas veces dormía en una mesa en su laboratorio para así poder comenzar a trabajar tan pronto como se despertara y no olvidar algunas ideas que había inventado durante la noche.

Elias Howe obtuvo la patente de la máquina de coser (superando a Isaac Singer) basado en la idea que vino a él en un sueño. Howe supuestamente soñó que fue capturado por los salvajes que llevaban lanzas con agujeros en las puntas. Al despertar, Howe se dio cuenta de que debía hacer el agujero para el hilo al final de la aguja, y no arriba ni en medio. Esta pequeña modificación hizo la máquina de coser una realidad.

En 1921, al científico alemán Otto Loewi se le ocurrió un experimento que dio lugar al descubrimiento del neurotransmisor, que es lo que las neuronas usan para comunicarse entre sí. Loewi dijo que había sido en un sueño donde había inventado la idea de un experimento con ranas que demostraría que la transmisión del impulso nervioso natural era más química que eléctrica. De hecho, en realidad tuvo tres sueños acerca de un neurotransmisor. Después del primero, se despertó por un momento breve pero se volvió a dormir, y luego no pudo recordar los detalles en la mañana. Otra noche volvió a soñar, y esta vez hizo unas notas en un pedazo de papel. Pero en la mañana se dio cuenta de que no podía entender su letra. Afortunadamente para él, tuvo el sueño por tercera vez, y esta vez se despertó e inmediatamente fue a su laboratorio e hizo el experimento. Ganó el Premio Nobel en Fisiología o medicina en 1936 por su trabajo.

Loewi no fue el único que encontró la inspiración creativa en un sueño. Estos son otros ejemplos:

- Robert Louis Stevenson dijo que la trama de la serie del Dr. Jekyll y Mr. Hyde vino de un sueño.
- El doctor Niels Bohr concibió el modelo de un átomo en un sueño.
- Dmitri Mendeleyev soñó con la solución para la colocación de los elementos en la Tabla Periódica.
- Samuel Taylor Coleridge soño el poema «Kubla Khan» antes de escribirlo.

Los psicólogos han demostrado que el cerebro humano es capaz de retener solo algunos trozos de información a la vez. Como ya se ha dicho antes en este libro, después de algunos segundos la memoria es pobre, y después de unos cuantos minutos la información desaparecerá completamente, a menos que te repitas la información o la escribas.

Tal vez podrías mantener una libreta al lado de tu cama para que puedas registrar los detalles de tus sueños inmediatamente después de levantarte, mientras están frescos en tu mente. También considera mantener un pequeño bloc de anotaciones al lado de la ducha, y un diario encuadernado contigo todo el tiempo. También puedes considerar usar una grabadora.

La técnica de Leonardo Da Vinci para obtener ideas era cerrar sus ojos, relajarse totalmente, y cubrir una hoja de papel con líneas al azar y garabatos. Luego abría sus ojos y buscaba imágenes y patrones, objetos, rostros o eventos en los garabatos. Muchos de sus inventos vinieron provocados por el garabatear.

CATALIZADORES DE LA CREATIVIDAD

En los últimos años mis mejores ideas han venido en vuelos por el país con mi iPod reproduciendo mis canciones favoritas en un modo relajado, estando casi dormido. Las ideas solo parecen flotar en la superficie. He leído que cuando Einstein estaba preocupado por un problema, solía estirarse y tomar una larga siesta. ¡Ese sí es mi tipo de genio creativo!

DIVINA INSATISFACCIÓN

Podrías quedarte sorprendido al escuchar que las ideas creativas algunas veces nacen de la irritación, como la perla que crece alrededor de un grano de arena irritante dentro de la concha de una ostra. Algunas veces nuestra insatisfacción con las cosas es el catalizador que inspira una nueva visión de lo que podría ser.

> «¿Cómo sabes cuál es tu insatisfacción divina? Cualquiera que sea tu respuesta, eso te sacará del punto muerto, hará que te levantes del sofá y te metas en el juego, en donde peleas, peleas, peleas hasta que comience a mostrarse algún progreso. Una vez que dices sí a servir en la agenda mundial de Dios, él comienza el proceso de canalizar la frustración de la insatisfacción divina a una visión positiva que te impulse a un futuro cargado con energía y propósito. En algún punto del camino te encontrarás tan asombrado por la tensión orientada al reino que corre por tus venas que hará que levantes tu cabeza y sin inhibición alguna grites: ¡Yo nací para esto!».
>
> BILL HYBELS, *DIVINA INSATISFACCIÓN*

El autor Bill Hybels se refiere a esa insatisfacción o irritación como «insatisfacción santa», y yo creo que puede ser un catalizador tremendo para la creatividad. Probablemente hay una o dos cosas en este mundo que simplemente no puedes soportar. Tal vez es una clase de injusticia que causa que tu sangre hierva y que las venas de tu frente se salten. Tal vez es una situación que cuando lees o escuchas sobre ella, quieres hacer un cartel y marchar arriba y abajo por las calles de la ciudad tratando de marcar la diferencia. Tal descontento es la tierra en la que suelen sembrarse las semillas del cambio.

Solemos pensar en Jesús como un hombre que nunca se enojó, un hombre que se sentaba y leía historias para niños y cargaba un cordero en sus brazos. Pero piensa en los diferentes momentos cuando Jesús estaba echando humo con una insatisfacción santa. Como el momento cuando caminó por la casa de su Padre y vio a las personas usándola como un mercado. Jesús volteó las mesas, les gritó a las personas y dejó todo patas arriba. Parte de descubrir nuestra pasión es cuando descubrimos y ponemos atención a las cosas que nos traen esa clase de descontento santo.

PREGUNTAS SIN HACER

1. ¿Crees que la motivación extrínseca es siempre legítima? Si así es, ¿en qué situaciones?

2. ¿Qué colores hay en las paredes de tu sala de jóvenes? ¿Es una habitación acogedora que atrae a pasar adelante?

3. ¿Cómo puedes hacer tus reuniones más alegres y divertidas?

4. En una escala creativa del 1 al 10 (siendo 10 el mejor), ¿en dónde se encuentra tu salón de jóvenes y tu oficina?

5. ¿Qué ves de camino al trabajo?

6. Escribe una lista de las muchas formas en las que Jesús se describe o compara él mismo (por ejemplo: el buen Pastor).

7. ¿Cuál es tu problema actual o la oportunidad que enfrentas, y a qué lo podrías comparar?

8. ¿Qué te reprime?

9. ¿Qué es lo que te da más pasión y energía? ¿Cómo podrías completar la siguiente oración?: «Yo nací para _____».

APROVECHANDO LA CREATIVIDAD DE
TU EQUIPO

En este capítulo quiero presentarte algunas técnicas creativas probadas que sirven para motivar la creatividad tanto en tus voluntarios adultos como en el equipo de jóvenes líderes. Algunas de estas estrategias te serán familiares, pero te ofreceré algunas formas de hacerlas más efectivas. Otras podrían ser nuevas para ti, y espero que estés dispuesto a darles una oportunidad.

Sin embargo, la eficacia de casi cualquier técnica que utilices dependerá de tus actitudes y las de los miembros de tu equipo. He encontrado que los líderes de voluntarios y equipos de jóvenes creativos:

- Respetan opiniones y motivan sus expresiones
- Fomentan la creatividad
- Expresan agradecimiento y agasajo por los intentos de creatividad
- Obtienen placer al estar con el equipo
- Preguntan qué piensa y siente el equipo
- Explican las razones para los procedimientos
- Apoyan a los miembros a pensar en nuevas formas

Si tu trabajo se basa en estas actitudes, la creatividad de tu equipo está asegurada.

DIEZ IDEAS DE ROMPEHIELOS PARA QUE TU EQUIPO ARRANQUE

1. Haz que cada persona te cuente su mejor y peor momento de la semana pasada.
2. Haz que cada uno nombre algo que los hace diferentes del resto del grupo.
3. Haz que cada persona diga tres declaraciones sobre ellos, dos declaraciones que sean verdad y una que sea mentira. Ve si los demás pueden adivinar cuál es la declaración falsa.
4. Preguntas para conocerse:
    - ¿Qué haces para divertirte?
    - ¿Qué cualidad aprecias más en un amigo?
    - ¿Qué característica recibiste de tus padres que te gustaría conservar?
    - ¿Qué característica recibiste de tus padres que desearías poder cambiar?
    - ¿Qué es algo bueno que está sucediendo ahora en tu vida?
    - ¿Qué te gustaría que las personas dijeran de ti en tu funeral?
    - ¿Cuándo, si alguna vez, Dios se hizo más que una palabra para ti? ¿Cómo sucedió?
5. Dibuja una línea del tiempo para trazar los eventos más importantes de tu vida.
6. Imagina que tu casa se incendia. ¿Cuáles son las cinco cosas que rescatarías (además de personas y animales)?
7. ¿Qué tres cosas te llevarías a una isla desierta?
8. Nombra dos personas (del pasado o del presente) que admiras y explica por qué.
9. Juega a las veinte preguntas.
10. Juega al «Veo veo».

HACER QUE LAS REUNIONES IMPORTEN

Las reuniones no son mi primer amor. De hecho, podrías incluso decir que les tengo una verdadera aversión a las reuniones. Sé que no estoy solo en esto. Así que, ¿por qué muchos de nosotros odiamos las reuniones? Bien, déjame darte algunas de mis razones. Yo tiendo a aborrecer muchas reuniones porque...

- Mi plato está lleno con otras responsabilidades
- Mi tiempo es valioso
- La mayoría de las reuniones son aburridas
- No satisfacen mis necesidades
- No son prácticas
- No hay agenda
- No se logra nada

Creo que todos hemos estado en reuniones que encajan con esta descripción. Pero, démosle vuelta a la pregunta: ¿Qué hace a una reunión buena? Para mí, las reuniones valen la pena cuando...

- Son prácticas
- Se logra algo
- Son divertidas y cautivantes
- Son relacionales
- Involucran a todos
- Me inspiran
- Aprendo algo nuevo
- Fomentan mi pensamiento creativo

LLUVIA DE IDEAS QUE FUNCIONA

En 1941, Alex Osborne, un ejecutivo de publicidad en Buffalo, Nueva York, formalizó la lluvia de ideas como un esfuerzo sistemático y una práctica disciplinada para producir ideas en un grupo. La idea de Osborne era crear un ambiente desinhibido que fomentara las ideas y los pensamientos imaginativos y aplazara el juicio crítico hasta más tarde.

Osborne creía que juntar a un grupo de personas para lanzar sugerencias en un ambiente libre de juicio daría lugar al doble de ideas creativas que lo que esas mis-

mas personas producirían ellas mismas. Pero, ¿es eso cierto? ¿Son las sesiones de lluvia de ideas realmente efectivas? Muchas investigaciones dicen que no es cierto. En un reporte famoso de 1987, los investigadores Michael Diehl y Wolfgang Stroebe de la Universidad de Tubingen en Alemania vieron veinticinco experimentos diferentes de psicólogos de todo el mundo, y encontraron que los grupos que se reunieron para hacer una lluvia de ideas nunca fueron tan productivos como los «grupos virtuales» de personas que trabajaban en el mismo problema ellos solos.

De hecho, los grupos reales que se dedicaban siempre a la lluvia de ideas generaban solo la mitad de ideas que habrían producido ellos mismos, si todos los miembros del grupo hubieran meditado el problema de forma individual.

> «La lluvia de ideas se parece un poco a un grupo de personas que se reúnen para hacer una escultura. Cada quien trae una pieza de arcilla a la reunión y la pone sobre la mesa. Las piezas se moldean juntas en un núcleo y luego la escultura se mejora, se varía, se reorganiza, se modifica, se reduce, se amplía, y se sigue cambiando hasta que el grupo está de acuerdo con la escultura final».
>
> MICHAEL MICHALKO, *THINKERTOYS*

Los estudios muestran constantemente que los individuos que trabajan solos llegan a más y mejores ideas que cuando trabajan en grupo, y cuanto mayor sea el grupo, mayor es la disparidad. Hay un número de razones para esto. Al trabajar con un grupo, las personas tienden a sentirse cohibidas

> «En la antigua Grecia, Sócrates y sus amigos veneraban tanto el concepto de diálogo en grupos, que ellos mismos se obligaron por los principios de la discusión que habían establecido a mantener un sentido de compañerismo».
>
> MICHAEL MICHALKO, *LOS SECRETOS DE LOS GENIOS DE LA CREATIVIDAD*

y nerviosas porque son evaluadas por otros miembros del grupo. Esto sumado a que es difícil escuchar simultáneamente a otros mientras creas tus propias ideas. La evidencia sugiere que las personas lo hacen mejor solas porque los participantes se enfocan libremente en sus propias ideas y se generan más opiniones en comparación con la tradicional lluvia de ideas.

Si los equipos de lluvia de ideas no son tan efectivos como las personas individuales creando ideas, ¿por qué lo sugeriría como una forma de generar más creatividad? Continúo fomentando la lluvia de ideas porque es una forma muy común de interactuar en equipo y, con pequeños cambios, todavía puede ser útil para aprovechar la creatividad de un grupo. Yo quiero que seas consciente, no solamente de las limitantes de la lluvia de ideas, sino también de los últimos consejos y los trucos del intercambio más valiosos, que mejorarán tu experiencia y ayudarán a tu equipo a ser mucho más productivo.

APROVECHANDO LA CREATIVIDAD DE TU EQUIPO

La lluvia de ideas que funciona involucra el verdadero diálogo. En griego, la palabra *diálogo* significa «conversar». Los griegos creían que la clave para establecer el diálogo es intercambiar ideas sin intentar cambiar la forma de pensar de los demás. No es lo mismo que una *discusión*, cuya su raíz en latín significa «hacer añicos». Las reglas básicas del dialogo para los griegos eran: «no discutir, no interrumpir y escuchar atentamente». Ese es un consejo muy práctico para las sesiones de lluvia de ideas. Aquí hay algunas sugerencias básicas para hacer que la lluvia de ideas funcione:

- Invita a personas de áreas diferentes.
- Mientras más grande sea el grupo de lluvia de ideas, menos ideas producen. El número ideal de participantes es entre seis y ocho.
- Los participantes deben tener una actitud positiva, pensar con fluidez y ser flexibles.
- Los participantes deben tener personalidades fuertes e independientes.
- Ahuyenta a los observadores, curiosos e invitados.
- Ten una agenda escrita que sea flexible.
- Selecciona un lugar que sea cómodo, privado y alejado de tu lugar común de reuniones.
- El líder del grupo debe tener fuertes habilidades interpersonales y ser capaz de parafrasear y buscar analogías para las sugerencias.
- El líder del grupo debe formular el problema tan clara y específicamente como sea posible, pero abstenerse de indicar una solución preferible.
- Todos los participantes deben considerase el uno al otro como colegas iguales.
- Rotar la membresía y traer «sangre nueva» a medida que las tareas cambian.
- Fomentar cualquier y todas las ideas, mientras más extraña, mejor.
- Los participantes deben construir sobre las ideas de otros, permitiendo sugerencias para hacer resaltar el uno lo del otro para provocar nuevas ideas y combinaciones de ideas, multiplicando las posibilidades.
- Protege a los disidentes apoyándolos públicamente.

Recuerda que la lluvia de ideas no implica un pensamiento crítico. La lluvia de ideas efectiva requiere que retrasemos todo juicio y crítica. Los participantes no deben juzgar o evaluar las ideas mientras estas se están generando. Nada mata la creatividad más rápido o de manera más absoluta que las declaraciones críticas y juiciosas.

Ninguna idea es una mala idea. Ahora bien, podrías estar pensando: «Bueno, en mi vida he conocido algunas malas ideas». ¡Yo también! Pero estoy diciendo que ninguna idea es una mala idea, especialmente en una lluvia de ideas, porque incluso la peor sugerencia podría llevar a alguien a dar una idea brillante. Esa idea brillante

nunca habría surgido si no se hubiera dado la idea anterior. Toda la creatividad se detiene cuando en los grupos de lluvia de ideas alguien da una idea y alguien más dice: «Sí, pero...». Tienes que tener una regla de «no peros». En lugar de decir: «Sí pero...», las personas pueden decir: «Sí, y...». En lugar de contradecir las ideas de otros, agregamos a lo que los demás han dicho, una técnica conocida como alineación.

Retén toda la evaluación de ideas hasta el final de la sesión. Al final de la reunión de lluvia de ideas, repasa y evalúa todas las sugerencias haciendo dos listas: «Ideas de utilidad inmediata» y «Áreas para mayor exploración».

Aquí hay un par de sugerencias más para hacer que la lluvia de ideas de tu grupo sea más productiva:

> Un estudio hecho por J. Hall y W. Watson indicó que, el setenta y cinco por ciento del tiempo, los grupos a los que se les dieron las siguientes instrucciones se mostraron más creativos y superiores que grupos que no las recibieron.
> • Evita cambiar de opinión solo con el fin de evitar el conflicto y llegar a un acuerdo y a la armonía.
> • Resiste las presiones para ceder en situaciones que no tienen ningún objetivo o base sólida.
> • Considera las diferencias de opiniones tanto naturales como útiles.
>
> DOROTHY LEONARD Y WALTER SWAP,
> *CUANDO SE ENCIENDE LA CHISPA*

- Antes que el grupo se reúna, programa de quince a veinte minutos para que los miembros lleven a cabo la lluvia de ideas individualmente. Te recomiendo una combinación del trabajo en equipo e individual para maximizar tu creatividad.

- Una forma de avivar tu lluvia de ideas es considerar cómo tu grupo podría crear lo opuesto de lo que realmente quieres. Toma una meta, inviértela y luego habla de lo que harías para alcanzar la meta invertida. Por ejemplo, si tu meta es que asistir al grupo de jóvenes sea tan deseable como sea posible, es probable que ya hayas examinado la cuestión de cómo podrías hacerlo muchas veces. Pero, ¿qué pasaría si inviertes la meta? ¿Qué harías para hacer la experiencia de los jóvenes tan horrible como sea posible? ¿Cómo podrías enviar a tus jóvenes bien lejos? Las respuestas podrían producir algunas perspectivas únicas e interesantes.

- Si no puedes hacer que tu grupo se reúna en persona, intenta la lluvia de ideas en línea (los miembros escriben sus ideas en las computadoras, y las ideas aparecen en las pantallas de los otros participantes).

APROVECHANDO LA CREATIVIDAD DE TU EQUIPO

GUIONES VISUALIZADOS

Crear guiones visualizados es una actividad de equipo atribuida a Walt Disney. En 1928, cuando Walt Disney y sus artistas estaban trabajando en su primera caricatura hablada, «El barco de vapor de Willie», Disney quería animación total. Animar todo requería miles de dibujos, los cuales eran apilados en montones por todos lados. Era difícil saber lo que estaba terminado y lo que todavía estaba por hacer. Tenían que tener reuniones todo el tiempo solo para mantenerse al día con lo que estaba pasando.

A Walt Disney se le ocurrió la idea de hacer que sus artistas colgasen sus dibujos en las paredes del estudio en secuencia para que todos pudieran ver los avances del proyecto. Cada escena era un punto a partir del cual se podía contar una historia completa. De ahí el término guion visualizado.

El guion visualizado rápidamente se convirtió en una parte de la rutina del procedimiento de planificación de Disney, tanto para las películas animadas como para las de acción en vivo. Él podía entrar y caminar a cualquier hora del día o de la noche y ver el progreso de cualquier proyecto con solo una mirada. Él también comenzó a utilizar la planificación en guiones visualizados para proyectos más allá de las películas. Las operaciones de Disneyland y de Walt Disney World fueron planeadas utilizando guiones visualizados. A veces Disney tenía más de dos mil tarjetas en las paredes por todo el edificio.

Aunque a Walt Disney se le atribuye la técnica moderna del guion visualizado, Leonardo da Vinci solía colgar sus ideas en una pared para examinarlas por mucho tiempo. Esta exposición de ideas le permitió ver cómo es que una idea se relacionaba con otra y cómo todas las piezas se unían.

Hacer guiones visualizados se ha perfeccionado a lo largo de los años hasta contar con procedimientos viables para generar y desarrollar todo tipo de ideas y proyectos. Aunque hay algunas diferencias significativas entre los diferentes procesos, todos comparten la misma característica de trazar conceptos clave de forma que puedan unirse para formar un todo completo.

Puedes utilizar los guiones visualizados para trazar tus pensamientos y los pensamientos de otros mientras trabajas en tu problema o en tu oportunidad. Puedes utilizar una amplia variedad de materiales para crear tu guion visualizado: tableros de corcho, pizarras, paredes... cualquier cosa que provea una superficie sobre la cual puedas

agregar, borrar, o mover las cosas de un lado a otro. Puedes usar colores diferentes para distinguir encabezados y columnas. Dependiendo del sistema que uses, podrías necesitar tachuelas, tijeras, marcadores, tizas, tarjetas de 3X5, notas adhesivas u otro tipo de papel.

Para tener una idea de cómo podrías utilizar guiones gráficos, echemos un vistazo a cómo se pueden utilizar como parte del proceso de planificación de un campamento de verano:

- Reúne al grupo de planificación (de seis a ocho personas) alrededor de la mesa en donde todos puedan ver la pizarra que vas a utilizar. Asegúrate de que la pizarra sea algo que la gente puede ver desde lejos. También necesitarás un par de cientos de tarjetas en blanco 3X5 esparcidas sobre la mesa, con marcadores para que las personas puedan usar.

- Crea una tarjeta tema que diga «PLANIFICACIÓN DE CAMPAMENTO DE VERANO» y colócala en la esquina superior izquierda del pizarrón de corcho utilizando una tachuela. Asegúrate de poner la tachuela en la parte superior izquierda de la tarjeta.

- Pregúntale a los participantes cuáles son las categorías más importantes que deben tenerse en cuenta para el campamento de verano. A medida que los miembros del equipo ofrecen sugerencias como la «comida, la ubicación, los juegos, los altavoces, los equipos de sonido, la música o el transporte», haz que la persona que haga cada sugerencia la escriba en una tarjeta de 3X5, lleve la tarjeta a la pizarra de corcho y la cuelgue justo debajo de la tarjeta tema. El acto físico de escribir los temas y salir de sus sillas y acercarse a poner las tarjetas en la pizarra hace que la sangre se mueva en las piernas, y es estimulante para la mente. Algunas personas simplemente amarán ser capaces de salir de sus sillas y moverse. Además, con el movimiento en la habitación y la gente diciendo sus ideas, una tras otra, las inhibiciones comenzarán a desaparecer y será más probable que la gente dé ideas. (Así como en una lluvia de ideas no hay ideas malas, en este punto no hay sugerencias que deban ser evaluadas ni criticadas.)

- Una vez tengas todas las categorías en la pizarra de corcho (podría haber decenas de tarjetas en la pizarra), toma una de las tarjetas (por ejemplo, «comida») y muévela a la parte superior de la pizarra, donde puede llegar a ser una tarjeta tema. A continuación, inicia el proceso de nuevo, pidiendo sugerencias de alimentos específicos para el campamento. Los participantes podrán

APROVECHANDO LA CREATIVIDAD DE TU EQUIPO

presentar sugerencias como «tacos, emparedados, hamburguesas, salchichas y pizza», y de nuevo, cada una de ellas está escrita en una tarjeta y puesta en la pizarra de corcho.

• Una vez que todas las posibilidades de alimentos están en la pizarra, toma una de las tarjetas de alimentos y conviértela en una tarjeta de tema. Y empieza el proceso de nuevo. Por ejemplo, debajo de la tarjeta de «taco» las personas podrían enumerar los ingredientes como «carne, lechuga, frijoles, guacamole, etc».

• Repite este proceso con cada elemento de tus categorías originales de la planificación de tu campamento de verano. Haz ajustes a la lista a medida que se descompone en unidades más pequeñas. Podrías terminar con cientos de tarjetas en la pizarra de corcho.

• Puedes detener el proceso en cualquier momento y regresar a él otro día. Si detienes el proceso, toma un rollo de cinta adhesiva transparente y comenzando en la parte superior de cada lista, extiende la cinta en el centro de cada grupo de tarjetas (por eso las tachuelas se ponen justo a la izquierda del centro de cada tarjeta 3X5), después retira todas las tachuelas y puedes doblar la lista de tarjetas como un acordeón y guardarlas para otro día. O si terminas el proceso puedes entregarle uno de los sets plegados (como el set de los ingredientes de los tacos) a una de las personas quien será el responsable de llevar los tacos al campamento. También puedes tomar una fotografía de la pizarra para que se pueda reconstruir y reelaborar en el futuro si fuese necesario.

FECHAS LÍMITE REALISTAS

Las fechas límite pueden estimular la creatividad o la pueden dificultar. Hay una creencia general de que las personas tienden a generar sus mejores ideas cuando el tiempo es muy limitado y las fechas límite son apremiantes. Sin embargo, en uno

de los intentos más amplios y ambiciosos que se han hecho por entender la creatividad en acción, la profesora de la escuela de administración en Harvard e investigadora líder en cuanto a la creativa Teresa Amabile mostró que esto era un mito. Su estudio mostró que las personas tendían a ser menos creativas cuando trabajaban bajo fuertes presiones de tiempo.

Sin embargo, el estudio encontró algunos casos en los que la presión del tiempo hizo inspirar la creatividad de algunas personas. Esto ocurrió cuando la persona se centraba plenamente y los plazos eran reales.

En definitiva, una fecha límite real puede concentrar la mente, por lo menos en algunos casos. Pero las fechas límite artificiales pueden matar la originalidad. La mejor estrategia es trabajar en proyectos largos antes de su vencimiento. Esto requiere administración de tiempo.

> «Walt Disney permitió que su vívida imaginación produjera ideas fantásticas, sin crítica y sin restricciones. Más tarde convertía esas fantasías en ideas factibles y luego las evaluaba. Para evaluarlas cambiaba su perspectiva tres veces representando tres papeles distintos: el soñador, el realista, y el crítico.
>
> El primer día jugaba a ser el soñador y soñaba fantasías y visiones ilusorias. Dejaba que su imaginación volara sin tener que preocuparse de cómo poner en práctica sus concepciones. Sus fantasías análogas le permitían conectar palabras, conceptos e ideas con objetos y eventos aparentemente irrelevantes. El resultado era un tesoro rico de asociaciones; una avalancha de imaginación y montañas de ideas.
>
> El siguiente día intentaba traer sus fantasías de regreso a la tierra jugando el papel del realista. Como realista, buscaba formas de manipular sus ideas y convertirlas en algo factible y práctico.
>
> Finalmente, el último día jugaba el papel de la parte crítica y agurejeaba sus ideas.
>
> MICHAEL MICHALKO, *THINKERTOYS*

ABOGADO DEL DIABLO

Para estimular los jugos creativos de tu equipo, algunas veces te podría resultar útil jugar el papel del abogado del diablo. Este término viene de la tradición de la iglesia católica romana. El «abogado del diablo» es un oficial de la Congregación de Ritos, cuyo deber es señalar los defectos en las pruebas en que descansa el caso de la beatificación o canonización.

En un entorno de equipo, el abogado del diablo toma el punto de vista opuesto de los demás miembros del grupo con el fin de presionar a las personas y hacer que piensen. Cuando se utiliza esta técnica para crear ideas en un ambiente de equipo, el abogado del diablo debe desempeñar el papel muy bien. Otros participantes no deben saber la posición actual de esta persona, pues entonces el cuestionamiento no sería tomado en serio.

APROVECHANDO LA CREATIVIDAD DE TU EQUIPO

No recomiendo utilizar la estrategia del abogado del diablo cuando inicias discusiones, ya que podrías ahogar la creatividad; pero este punto de vista opuesto puede resultar útil mientras se refinan las ideas. Yo utilizaría este método de vez en cuando, tal vez un par de veces al año a lo sumo, y evitaría hacer que la misma persona tomara el papel de abogado del diablo cada vez.

Este puede ser un método maravilloso para hacer que las personas piensen creativamente cuando tus jóvenes se mantienen repitiendo las respuestas que ellos piensan que quieres escuchar en un estudio bíblico, desafiar su pensamiento y sacudirlos. Podrías incluso invitar a un amigo que los jóvenes no conozcan a un estudio bíblico para que desafíe lo que les enseñas a tus chicos. Al principio va a sorprender a tus jóvenes, pero luego dales la oportunidad de responder a las preguntas y preocupaciones de este extraño.

¿QUÉ PASARÍA SI...?

Me encanta pedirles a los grupos que hagan ejercicios mentales que involucren hacer la pregunta: «¿Qué pasaría si...?». Esta actividad también se puede hacer individualmente, pero encuentro que se generan más ideas cuando se hace en un ambiente de equipo. Es una forma muy buena de aprender a dirigir tu imaginación hacia la meta deseada.

He escrito una serie de libros con preguntas rápidas, diseñados para hacer que se den conversaciones con los adolescentes. Uno de mis libros se llama *What if...?* [¿Qué pasaría si...?]. Este contiene 450 preguntas que comienzan con «¿Qué pasaría si...», que invitan a la reflexión y están diseñadas para despertar discusiones animadas, debates vigorosos y pensamiento creativo. Puedes usar este mismo concepto para aprovechar la creatividad que está dentro de tu equipo.

El «Qué pasaría si...» se puede utilizar para llevar el proceso de lluvia de ideas un paso atrás. En otras palabras, antes de abordar un problema o tema de la vida real, haz algunas preguntas divertidas que comiencen con ¿Qué pasaría si...?, solo para que las personas hablen y piensen. El proceso actúa como un lubricante del hemisferio derecho que puede estimular ideas raras sin la posibilidad del juicio. Intenta algunas de estas:

- ¿Qué pasaría si heredaras cinco millones de dólares?
- ¿Qué pasaría si pudieras tener los poderes de un superhéroe?
- ¿Qué pasaría si pudieras comer cualquier cosa y no engordar?

- ¿Qué pasaría si pudieras hacerte invisible?
- ¿Qué pasaría si pudieras leer las mentes de las personas?
- ¿Qué pasaría si pudieras hacerle tres preguntas a Dios?

Otra forma de estirar la imaginación de tu equipo es preguntando: «¿Qué pasaría si alguien más estuviera resolviendo tu problema o tu oportunidad? ¿Cómo respondería a esta pregunta, el Hombre Araña, el guardián de tu edificio, tu tía, la Madre Teresa, Bill Gates, un niño de cinco años o Steven Spielberg?».

¿Y Jesús? ¿Recuerdas los brazaletes de WWJD? (Siempre pensé que WWJD significaba: «¿Con quién saldrá Jesús?».) La pregunta «¿Qué haría Jesús?» todavía es una buena pregunta para cualquier situación.

CÍRCULOS QUE CRECEN

Los círculos que crecen son un ejercicio inusual e innovador para hacer que las mentes de los miembros de tu equipo se mantengan pensando. Algunas veces llamada «mapas mentales», esta técnica la desarrollló a principios de los años setenta Tony Buzan, un británico investigador del cerebro. Es un método organizado de lluvia de ideas que ayuda a las personas a descubrir lo que saben representando pensamientos y asociaciones como vides que crecen en todas direcciones a partir de una palabra o tema central. Las asociaciones son potencialmente infinitas, ya que cada nueva asociación puede desencadenar otras.

Supongamos que estás a cargo de la planificación del programa de la Pascua que viene para tu ministerio. Podrías limitarte a sentarte con tu equipo y preguntarles qué les gustaría hacer para la Pascua, o podrías intentar los círculos de crecimiento. Iniciarías ese proceso escribiendo la palabra Pascua en el centro de un pedazo de papel y dibujando un círculo o un óvalo alrededor de ella. Después dibuja líneas saliendo de ese círculo. Al final de cada línea escribe cualquier palabra o frase que venga a las mentes de los de tu equipo cuando piensan en la Pascua. Ahora haz un círculo alrededor de esas palabras y dibuja líneas que salgan de esos nuevos círculos de palabras. ¿En qué piensas cuando ves o escuchas estas palabras? Escribe esos pensamientos y haz un círculo alrededor de ellos.

APROVECHANDO LA CREATIVIDAD DE TU EQUIPO

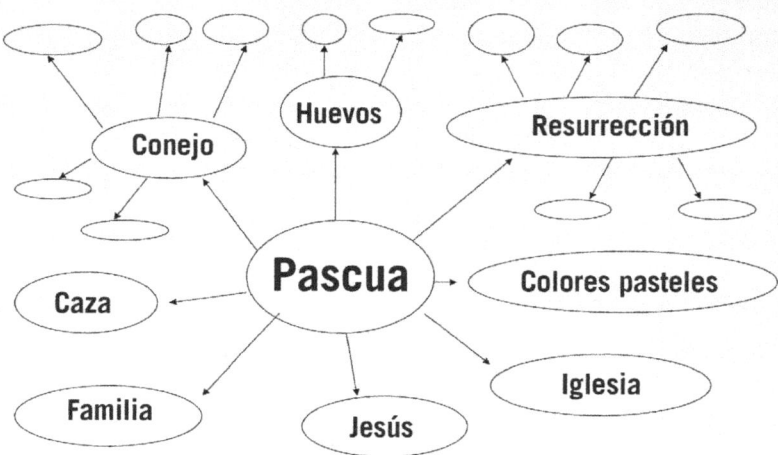

Puedes seguir y seguir hasta que quieras. Terminarás con un montón de palabras y frases que comienzan con la palabra Pascua. Ahora puedes utilizar estas palabras y frases como trampolín mientras planificas comedias, charlas, publicidad, decoraciones, experiencias de adoración y juegos con el tema de la Pascua. También puedes intentar este ejercicio comenzando con una palabra o frase que describa un problema o una posibilidad en tu ministerio.

MICROMOVIMIENTOS

El concepto de micromovimientos se desarrolló al observar cómo los doctores ayudaban a los pacientes que estaban parcialmente paralizados. En lugar de intentar ganar movimiento en el brazo entero, enfocaban a los pacientes en un movimiento pequeño, como mover un dedo una fracción de pulgada. Al tener éxito con pequeños logros, esperaban tener progreso hacia metas más grandes.

La misma idea se usa en psiquiatría. Los pacientes son motivados a dar pasos pequeños hacia su recuperación. ¿Recuerdas la película de 1991 *¿Qué pasa con Bob?*, en la que se presenta a Bill Murray como el paciente y a Richard Dreyfuss como un psiquiatra? El doctor estaba interesado en que su paciente diera «pasos de bebé» para vencer sus miedos y fobias en pequeños aumentos.

Una forma en la que utilizo esta técnica en una sesión para construir la creatividad en equipo es haciendo que los participantes escriban en una tarjeta de 3X5 algún deseo, idea o sueño creativo que han tenido para su ministerio o sus vidas. Tal vez es

un ítem en su «lista de pendientes», algo que esperan hacer antes de morir. Algunos ejemplos podrían incluir:

- Navegar en barco a Tahití
- Ser una bailarina
- Hacer una pintura
- Cantar una canción en público
- Saltar en caída libre
- Sanar una relación
- Pilotar un avión
- Leer la Biblia entera
- Escribir un libro

Después hago que cada persona tome otra tarjeta de 3X5 y liste todas las razones por las que no pueden alcanzar esta visión, deseo, idea o sueño. Les digo que serán los únicos en ver la tarjeta, así que pueden listar solamente palabras, frases o fragmentos de pensamientos. Y luego hago que lean todas las razones que han escrito por las que su sueño es imposible. Después hago que tomen la tarjeta con todas esas razones y excusas y la rompan en pedazos, y que pongan los pedazos en un basurero que les doy. Es importante hacer que las personas escriban estas ideas negativas y las lean. No quiero que se queden en el fondo de sus mentes o si no nunca alcanzarán su sueño. Tienen que sacar estos pensamientos de su cabeza y dejar ir en un pedazo de papel la creencia de que estas cosas pueden impedir que alcancen sus sueños. Como dice Hebreos 12.1: «Quitémonos todo peso que nos impida correr» (NTV).

Luego hago que tomen la tarjeta original de 3X5 con la cosa que quieren alcanzar y que escriban un pequeño paso, un micromovimiento que puedan hacer para realizar ese sueño. La tarea debe ser algo muy pequeño, algo que no les tomará más de una hora. Pero hará que comiencen el camino. Podría ser buscar algo de ese tema en la Internet o en una biblioteca. Podría ser visitar una tienda o hacer una llamada.

> «¡Camina con confianza en la dirección de tus sueños! ¡Vive la vida que te imaginas!»
>
> THOREAU

Pero aún no han terminado. Ahora los hago escribir en la misma tarjeta de 3X5 la fecha y la hora (en una semana) en que darán este diminuto paso hacia sus metas individuales, y luego los motivo a decirle a alguien lo que harán, porque es más probable que cumplamos con una tarea si se la hemos contado a alguien más. Concluyo la sesión invitando a aquellos que están dispuestos a contarle su sueño y el micromovimiento que han decidido hacer al resto de nuestro equipo. Como dice el viejo dicho: «Pasito a pasito, se va haciendo el caminito». Los pequeños éxitos son escalones para los grandes éxitos en el ministerio y en la vida.

Todos nosotros actuamos, sentimos y realizamos cosas de acuerdo con lo que imaginamos que es cierto sobre nosotros y nuestro ambiente. Lo que imaginas que es cierto se convierte, de hecho, en realidad. Si tienes cierta imagen de ti mismo en tu mente el tiempo suficiente y con la suficiente frecuencia, te convertirás en esa imagen. Imagínate el logro de tu objetivo y que solo eso contribuirá enormemente al éxito.

> «¿Sabes? Tú también tienes una obra maestra dentro de ti. Una que no se compara con ninguna que haya sido creada o sea creada jamás. Y recuerda: si te vas a la tumba sin pintar tu obra maestra, se quedará sin pintar. Nadie más puede pintarla; solo tú.»
>
> GORDON RAY MACKENZIE, *ORBITING THE GIANT HAIRBALL*

Mi temor más grande con respecto a los miembros de mi equipo ministerial es que terminen sus vidas con el sentimiento de estar vacíos, pues mirarán atrás y tendrán un sinnúmero de lamentos por los que deberían haber hecho. No dejes que esto le suceda a tu equipo, ni a ti ni a tu ministerio. Ve por ello. ¿Qué tienes que perder?

PREGUNTAS SIN HACER

1. Describe tus experiencias en la lluvia de ideas.

2. ¿Qué ideas te parecen más factibles para ti y para tu equipo?

3. Intenta esto con tu equipo la próxima vez que te reúnas con ellos. Escoge un programa en donde necesites algunas ideas, ponlas en tarjetas de 3X5 e intenta hacer un guión visualizado.

4. ¿En qué punto del tiempo operas? ¿Te gusta hacer las cosas por adelantado, en el último momento o después del plazo que se te dio? ¿Te sientes bien con la forma en que esto funciona para ti? Si no, ¿qué puedes hacer?

5. Pídele a un amigo que venga a tu reunión y desafíe lo que estás enseñando a tus jóvenes. Esto podría sorprender a tus jóvenes, pero también los haría pensar en nuevas formas mientras intentan responder a las preocupaciones de este amigo.

6. ¿Cuál es el sueño que deseas llevar a cabo antes de morir? ¿Qué te impide hacerlo?

VIVIENDO EN LA LUZ
CONCLUSIÓN

Rembrandt, el pintor holandés del siglo diecisiete, era un maestro en el uso de la luz en sus pinturas. Rembrandt no solo utilizó la luz y las sombras para crear drama y textura en su trabajo; para él la luz era la composición central de la pintura completa. El uso de la luz por parte de Rembrandt le dio a sus temas una presencia física que envolvía plenamente al espectador.

Rembrandt era creyente, y en sus pinturas religiosas trató de captar la luz viviente de Dios. Cuando Rembrandt representó al Cristo, Jesús mismo era la fuente de luz en esas pinturas. Una de sus últimas pinturas fue *El hijo pródigo*, la cual representa a un hijo pecador cansado del mundo que había gastado toda su fortuna en una vida derrochadora, regresando a casa a la presencia de su padre.

Dos siglos después, otro pinto holandés, Vincent Van Gogh, hizo un uso de la luz en forma creativa en su propio trabajo. Una de las pinturas más famosas de Van Gogh, *La noche estrellada*, representa un cielo nocturno iluminado por estrellas y las nubes ardientes en remolino. Al igual que Rembrandt, Van Gogh utiliza la luz para representar a Dios en muchas de sus pinturas. Él era un cristiano dedicado con una fe fuerte y entusiasta. Trabajó como aprendiz de predicador laico, y quería dedicar su vida a la evangelización de los pobres. En 1878, inició un curso de tres meses de predicación en la escuela evangelista de Laeken, cerca de Bruselas. Algunos líderes de la escuela creían que Van Gogh era poco idóneo para la profesión de predicador. Pero el insistió en ir a la zona de extracción de carbón belga cerca de la frontera con Francia. Ahí vivió en la pobreza extrema, visitaba a los enfermos y leía la Biblia a los mineros.

En 1879, obtuvo el permiso para trabajar como predicador laico en Borinage, pero con su participación en la difícil situación de los pobres irritó a sus superiores, y su contrato no fue prorrogado. Él continuó trabajando sin sueldo hasta julio de 1880.

En Borinage, Vincent experimentó un período de crisis personal profunda, en parte debido a su experiencia negativa con los líderes de la iglesia. Van Gogh tenía mucho que dar al mundo y a la iglesia, pero sus dones fueron rechazados.

Trágicamente, Vincent Van Gogh se quitó la vida en 1890 a la edad de treinta y siete años. Una de sus últimas pinturas fue «La Iglesia de Auvers».

VIVIENDO EN LA LUZ / CONCLUSIÓN

Tuve la oportunidad de ver el original de esta pintura en el Museo d´Orsay en París. Si miras cuidadosamente, verás que no hay luz (representando a Dios) emanando de la iglesia. Tampoco hay puertas: no hay forma de entrar a la iglesia. Van Gogh fue una de las mentes más creativas de su tiempo y de todos los tiempos. Era un hombre que

había estado dispuesto a predicar el evangelio y a servir a los pobres en el nombre de Dios. Sin embargo, casi al final de su vida, la iglesia ya no era un lugar seguro, de refugio y consuelo; era un lugar de muerte inminente y tristeza.

La historia de Van Gogh es un recordatorio importante para los que estamos en el ministerio juvenil. Nunca debemos rechazar a un joven o a un líder joven porque él o ella no encajan en el molde. En lugar de eso, nuestros ministerios juveniles deben liberar a los estudiantes y a los líderes de jóvenes para descubrir y expresar la creatividad que Dios les dio.

La meta de ser creativo en el ministerio juvenil es crear una iglesia en la que las puertas estén ampliamente abiertas y los jóvenes tengan oportunidades de experimentar la luz. El resultado final de todas estas técnicas creativas es ayudarte a construir un ministerio en el que los jóvenes experimenten el amor de Dios. Nuestra tarea es caminar junto a los jóvenes y ayudarles a experimentar el amor de aquel que los creó, y luego ayudarlos a encontrar formas de expresar creativamente ese amor al mundo. Al final, de eso se tratan tanto la creatividad como el ministerio juvenil.

> Don McLean escribió su canción «Vincent (Estrellada, estrellada noche)» en 1971 después de leer un libro acerca de la vida de Vicente Van Gogh. La canción se ha vuelto aún más conocida recientemente gracias a una interpretación de Josh Groban, y concursantes de *American Idol* la están cantando. El verso final es conmovedor:
>
> Aunque no podían amarte, tú los amabas sinceramente.
>
> Y cuando no quedó esperanza en esa estrellada, estrellada noche,
>
> te quitaste la vida, tal como los amantes suelen hacerlo;
>
> pero pude haberte dicho, Vincent, que este mundo nunca fue hecho para alguien tan hermoso como tú.

SECCIÓN ADICIONAL

MÁS IDEAS CREATIVAS QUE PUEDES USAR INMEDIATAMENTE EN TU MINISTERIO JUVENIL

La sección final de este libro incluye un amplio rango de sugerencias creativas que puedes poner en práctica en tu ministerio juvenil ahora mismo. Estos recursos fueron desarrollados por un montón de gente buena que he llegado a conocer durante mis años en el ministerio juvenil. He indicado el autor y la fuente original de la información siempre que sea posible. Muchas de estas listas fueron reimpresas o adaptadas de folletos y presentaciones en varios eventos de líderes de jóvenes patrocinados por Especialidades Juveniles durante años, incluyendo los seminarios nacionales CORE de Líderes de Jóvenes, y se acompañaron de notas de diferentes talleres, conversaciones con otros líderes de jóvenes y mis propias experiencias en el ministerio juvenil. Estoy muy agradecido con los siguientes hombres y mujeres creativos que han sido parte de estos equipos de seminarios de Especialidades Juveniles que han influenciado mi vida y cuyo trabajo se puede ver en las siguientes páginas.

Dave Ambrose	Mark Helsel	Mark Matlock	Denny Rydberg
Denny Bellesi	Dave Hicks	Bill McNabb	Charley Scandlyn
Scott Burks	Megan Hutchinson	Brock Morgan	Efrem Smith
Jim Burns	Dan Jessup	Helen Musick	Sheryl Shaw
Ridge Burns	Ray Johnston	***Mark Oestreicher	Jeanne Stevens
Chap Clark	Crystal Kirgiss	Mary Penner	Becky Tirabassi
Doug Fields	Danny Kwon	Laurie Polich	Rich Van Pelt
Heather Flies	**Tic Long	Mark Rayburn	*Mike Yaconelli
Mike Giarrita	Fred Lynch	*Wayne Rice	
John Hall	Steve Mabry	Duffy Robbins	

Estoy agradecido con todos los líderes de jóvenes cuyas ideas se mezclan entre estas sugerencias, incluyendo a aquellos a los que se les ha dado un crédito específico, así como otros que se mantienen anónimos. Espero que encuentres estas sugerencias útiles al tratar de infundirle más creatividad a tu ministerio.

*Cofundador de Especialidades Juveniles
**Ex presidente de Eventos en Especialidades Juveniles
*** Presidente de Especialidades Juveniles

SECCIÓN ADICIONAL

FORMAS CREATIVAS DE CREAR AMBIENTES PROPICIOS PARA EL APRENDIZAJE

Considera estos factores mientras buscas crear ambientes que fomentarán mejor el aprendizaje entre tus jóvenes:

• *Temperatura.* Los salones muy calientes o muy fríos pueden hacer que los jóvenes sean incapaces de concentrarse en nada excepto en el calor o el frío. ¿Recuerdas en la secundaria cuando en las tardes de primavera convertían los salones de clases en hornos? Las ideas no necesitan esa clase de incubación.

• *Distracciones.* El parloteo de un niño pequeño es una cosa maravillosa, pero no en un estudio bíblico. Organiza el espacio empleando los oídos y ojos para crear el ambiente. ¿Qué pasa con la luz? Necesitas suficiente para poder leer, pero las atmosferas cálidas no son muy conocidas por el exceso de luz.

• *Asiento*. Hazlo cómodo, y organízalo para que todos pueden verse y oírse fácilmente. Incluso Jesús escogió botes y laderas para poder enseñar desde ahí; él se ponía en pie para leer la Torá en las sinagogas. Si se debe prescindir de la comodidad, que sea el maestro el que aguante. Al aire libre, por ejemplo, si el sol debe estar en los ojos de alguien, que sea en los del maestro.

• *Selección de la habitación*. Debe adaptarse al tamaño del grupo. Nada hace que un grupo se sienta más pequeño que reunirse en un salón grande, y ubicar a un grupo grande en un modesto salón es ideal para una reunión del club Vida Joven, pero probablemente no para el mejor estudio de las Escrituras.

• *Fatiga.* Los jóvenes cansados no aprenden bien, ni tampoco a las ocho y veinte de la tarde cuando ellos pensaban que el estudio terminaba a las ocho en punto. Estarán ansiosos, se desconectaran pensando más en la tarea de esta noche y en el partido de mañana que en tu estudio del Sermón del Monte

Fuente: *Teaching the Bible Creatively: How to Awaken Your Kids to Scripture* de Bill McNabb y Steven Mabry

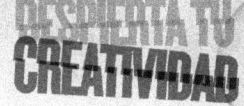

PREGUNTAS CREATIVAS PARA INVESTIGAR CÓMO PERCIBEN LOS ESTUDIANTES A JESÚS

¿Sientes curiosidad por saber cómo percibe tu grupo a Jesús? ¿Quieres que capten cuáles son algunas de las implicaciones de ser cristiano hoy en día? Pídele al grupo que responda a las preguntas que están debajo, como si fueran Jesucristo aquí y ahora. Enfatiza que no hay respuestas correctas o incorrectas; la cuestión principal es que todos respondan basados en cómo Cristo respondería si estuviera vivo hoy.

- ¿Qué clase de ropa vistes? ¿Te identificas con alguna clase de persona en particular (pobres, clase media, clase alta, un grupo minoritario, etc.)?
- Describe tus relaciones familiares: con tu madre, padre, hermanos y hermanas. ¿Tienes novia? ¿Te casarás?
- ¿Con qué clase de personas te gusta juntarte? ¿De qué hablan?
- ¿Qué te gusta?
- ¿Dónde pasas la mayor parte de tu tiempo? ¿Cuál es tu lugar de reunión favorito?
- ¿Eres una figura controversial? ¿Por qué o por qué no?
- ¿Cómo te sientes con la iglesia hoy? ¿Cómo te llevas con los líderes religiosos de hoy?
- ¿Cómo te sientes con la forma en la que están las cosas en tu país?
- ¿Cuáles son tus metas para los próximos años?
- ¿Cómo harás llegar el mensaje a tantos como sea posible? (Piensa en esto cuidadosamente, Jesús. ¿Estás seguro de que los medios de comunicación son la mejor manera de llevar el mensaje?)
- ¿Cuál es tu posición política? ¿Eres miembro activo de un partido? Si así es, ¿de qué partido? ¿Cuál considerarías que son temas importantes: desempleo, inflación, pobreza, aborto, igualdad, ambiente, capitalismo, gastos militares y proliferación nuclear?

Después que todos hayan respondido las preguntas de manera individual, discútelas con el grupo entero. Para mover la discusión de lo hipotético a lo real, pregunta si nosotros los cristianos debemos responder a las preguntas de la misma manera que imaginamos que lo haría Cristo hoy en día. ¿No estamos dispuestos a seguirlo y a darle forma a nuestras vidas con su ejemplo?

Fuente: *Teaching the Bible Creatively: How to Awaken Your Kids to Scripture* de Bill McNabb y Steven Mabry

SECCIÓN ADICIONAL

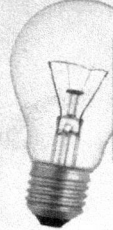

FORMAS CREATIVAS DE AYUDAR A LOS ESTUDIANTES A DESARROLLARSE ESPIRITUALMENTE A TRAVÉS DE LA INCOMODIDAD

Podemos motivar a los jóvenes a crecer espiritualmente instándolos a...

- Confesar un acto egoísta a un miembro de la familia.
- Compartir una lucha personal con el grupo de jóvenes.
- Escribir una carta motivadora para el pastor.
- Ofrecer su ayuda a una familia necesitada en la iglesia.
- Enseñar en la Escuela Dominical o la lección del grupo de jóvenes.
- Comprometerse a dar tutoría a un estudiante más joven y menos privilegiado.
- Participar en un ayuno de 30 horas (World Vision, 800-7-FAMINE).
- Darle una Biblia a un amigo no creyente.
- Asistir a otros servicios de otra iglesia.
- Patrocinar a un niño a través de Compasión Internacional (800-336-7676).
- Ir de mochileros, hacer rafting, o viajar en una bicicleta de montaña.
- Ofrecerse a limpiar el santuario una vez al mes por un año.
- Hacer un vídeo de motivación para un misionero.
- Escribir tarjetas a los visitantes y agradecerles por venir a la iglesia.
- Invitar a voceros de otra fe, tradiciones y denominaciones.
- Conocer a una pareja de ancianos y escuchar su historia.
- Visitar la ciudad más grande que esté cerca y hablarles a desconocidos en el parque.
- Orar por alguien de la escuela, que no sea su amigo, todos los días durante un semestre.
- Organizar un grupo de reconciliación en la escuela.
- Regalar su sueldo de un mes a los pobres.
- Organizar un grupo de niñeros, gratis, para padres solteros.
- Enviar una carta motivadora al padre de un amigo.
- Ofrecer una reunión con el equipo pastoral para hablar de las necesidades de los chicos.
- Establecer un ministerio de consejería juvenil.
- Hacer una obra de teatro en la iglesia.
- Reunir juguetes para niños de un hospital o de un orfanato.
- Saltarse una comida y luego enviar el dinero que hubieran gastado a una organización misionera.
- Recaudar fondos para las personas sin hogar.
- Visitar un sanatorio.

Fuente: *Cuaderno del Seminario CORE de Especialidades Juveniles*

MÉTODOS CREATIVOS PARA COMUNICAR TU MENSAJE

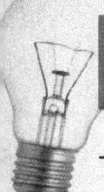

Tus charlas serán más creativas si agregas:

- Una pizarra
- Mapas
- DVD
- Presentaciones en PowerPoint
- Monólogos
- Simposios
- Jóvenes que sean los maestros

Tu grupo de discusión será más creativo si incluyes:

- Lluvia de ideas
- Grupos
- Círculos de respuesta
- Preguntas-Respuestas
- Debates
- Paneles
- Solución de problemas
- Pruebas cortas
- Foros
- Equipos de atención
- Reportes de libros
- Entrevistas
- Oraciones con final abierto
- Comparación de personajes
- Asociación de palabras

Intenta estas otras formas creativas de comunicar tu mensaje:

- Actuación
- Collages
- Dioramas
- Excursiones
- Coros
- Entrevista de personajes
- Móviles
- Títeres
- Pantomimas
- Letanías
- Murales
- Pictogramas
- Líneas de tiempo
- Trípticos
- Opiniones
- Tareas de investigación
- Diarios
- Encabezados de periódico
- Escribiendo cartas
- Dramas espontáneos
- Mapas
- Parafraseo
- Comerciales
- Oraciones
- Gráficas emocionales
- Pósters
- Uso de arcilla, plastilina, limpia pipas, y otros medios creativos
- Rap
- Porras
- Poesía
- Pintura (dedos, esponja, hilo, arena)

Fuente: *Cuaderno del Seminario Nacional de Recursos de Especialidades Juveniles*

SECCIÓN ADICIONAL

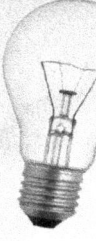

FORMAS CREATIVAS DE MOTIVAR A LOS ADOLESCENTES A APRENDER

- Los jóvenes aprenden mejor cuando experimentan.

- Los jóvenes aprenden mejor en un ambiente cómodo.

- Los jóvenes aprenden mejor cuando hablan de lo que están aprendiendo.

- Los jóvenes se sienten motivados a aprender cuando la respuesta no es obvia.

- Los jóvenes aprenden mejor cuando el enfoque está en lo concreto.

- Los jóvenes aprenden mejor cuando ayudan a escoger lo que estudian.

- Los jóvenes aprenden mejor cuando pueden traducir los términos a su propio lenguaje.

- Los jóvenes aprenden mejor cuando son desafiados a ser creativos.

- Los jóvenes aprenden mejor en ambientes variados.

- Los jóvenes aprenden mejor bajo la dirección de un mentor.

- Los jóvenes aprenden más cuando las lecciones afectan sus vidas.

Fuente: *Teaching the Bible Creatively: How to Awaken Your Kids to Scripture* de Bill McNabb y Steven Mabry

FORMAS CREATIVAS DE CONECTAR A LOS ADOLESCENTES CON LA IGLESIA

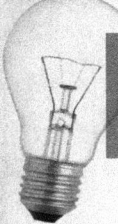

- Que la iglesia despida al grupo de jóvenes cada vez que salen a un viaje misionero, campamento o retiro.

- Desarrollar un servicio de bendición para jóvenes que se gradúan y van a la universidad.

- Haz que los jóvenes contribuyan en maneras significativas a cada servicio de adoración.

- Que los adultos oren por jóvenes específicos de una forma regular.

- Una vez al año, haz que los adultos planeen un día o fin de semana misterioso para los adolescentes.

- Desarrolla grupos pequeños de gente joven que sorprendan a los miembros ancianos de la iglesia presentándose en sus casas y haciendo el trabajo en el jardín o reparaciones misceláneas.

- En época de exámenes finales, haz que los adultos ofrezcan tutorías a los jóvenes.

- Provee un salón de estudio completo, con música, comida y computadoras una semana antes de los exámenes.

- Desarrolla parejas (un adulto con un joven) para escribirse por correo electrónico cada semana.

- Haz grupo de jóvenes y adultos para realizar un proyecto de servicio.

Fuente: *Cuaderno del Seminario Nacional de Recursos de Especialidades Juveniles*

SECCIÓN ADICIONAL

FORMAS CREATIVAS DE CONOCER A TUS JÓVENES

- Asiste a eventos deportivos.

- Lee el periódico de la escuela.

- Revisa el anuario de la escuela.

- Obtén una verificación de antecedentes del F.B.I.

- Entrevista a una niñera.

- Habla con los padres.

  - Revisa sus pizarras informativas.
  - Mira sus libros, revistas y discos.
  - Observa los carteles y dibujos.

- Visita sus salones.

- Lee una revista de adolescentes.

- Visita su escuela a la hora de almuerzo.

- Entrevista al personal de la escuela (maestros, consejeros, director, conserje).

- Pregúntales qué música les gusta.

- Pregúntales qué hobbies les gustan.

- Observa el estilo de su vestimenta.

- Pasen un rato en el centro comercial o en el lugar de reuniones locales.

Fuente: *Cuaderno del Seminario Nacional de Recursos de Especialidades Juveniles*

COSAS CREATIVAS QUE LOS JÓVENES PUEDEN HACER PARA EXPERIMENTAR LA VERDAD DE DIOS

- Escribirle una carta a Dios.

- Escribir una oración de confesión.

- Identificar tres pasos de acción que darán para aplicar tu siguiente mensaje.

- Después de leer las Escrituras, haz que cada joven comparta con otra persona qué diferencia hará el contenido en su vida.

- Escribir una oración de acción de gracias.

- Enviar una carta a un padre de familia.

- Limpiar el salón de jóvenes.

- Ayudar a diseñar la pizarra de anuncios con ideas que reflejen el tema del más reciente sermón o estudio bíblico.

- Hacer un listado de amigos por los que pueden orar e invitarlos a la iglesia.

- Ofrecer su tiempo en el ministerio de niños, sala cuna, etc.

- Diseñar un equipo de bienvenida que se ocupe de los visitantes.

- Hacer tarjetas de saludo que reflejen el tema o mensaje de un evento reciente y enviarlas a jóvenes que se lo perdieron.

- Organizar un grupo de oración.

- Escribir una carta a un misionero.

- Escribir un plan para convertirse en misioneros en sus ciudades universitarias.

- Desarrollar un banco de alimentos.

- Dar una Biblia a un amigo.

- Motivar a un amigo.

- Adoptar a un abuelo dentro de la iglesia.

Fuente: *Cuaderno del Seminario de Recursos de Especialidades Juveniles*

SECCIÓN ADICIONAL

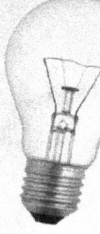

SERVICIO Y PROYECTOS MISIONEROS CREATIVOS

HACIENDO ARRANCAR A LOS JÓVENES (METAS REALISTAS Y ESPECÍFICAS)

- Colecta de alimentos enlatados.
- Lavado de autos gratis.
- Cuidado de niños gratis.
- Búsqueda de tesoros de alimentos.
- Pintar la iglesia a las tres de la madrugada como parte de la diversión en una encerrada.
- Un día de trabajo para el «grupo de grafiteros» de la ciudad.
- Flores para eventos del día de la Madre o del Padre.
- Noche de apreciación para padres.

EVENTOS QUE REQUIEREN UN COMPROMISO MÁS PROFUNDO

- Navidad en julio para las personas mayores en casas de reposo.
- Colecta de comida para los necesitados el día de Acción de Gracias.
- Llevar a los jóvenes a las reuniones de consejo de la iglesia.
- Tienda de reparación de segunda mano.
- Viajes al interior de la ciudad.
- Viajes fuera del país.
- Ministerio de prisiones.

OTRAS IDEAS:

Comparte el calor
Recolecta sábanas, chaquetas y guantes para jóvenes necesitados o para los que no tienen hogar en tu comunidad. Haz el ejercicio incluso más significativo haciendo que el grupo de jóvenes haga la distribución de estos artículos.

Dinero multiplicado
Enseña sobre la parábola de los talentos en Lucas 19 y luego entrégale a cada uno de tus jóvenes $5 (o a un par de jóvenes $10) y desafíalos a ganar dinero con lo que se les ha dado en un período de una semana o dos. Usa el dinero para proveer alivio al hambre o para ayudar a alguna otra causa digna dentro de la comunidad.

Navidad completa
En lugar de únicamente recolectar juguetes para darles a los niños en necesidad para Navidad, invita a tu grupo a elegir a una familia y que les provean una Navidad completa. Deja que los jóvenes tomen la responsabilidad de los diferentes componentes de la Navidad familiar, ya sea en grupos o en forma individual. Algunos pueden juntarse y comprar el árbol, otros pueden dividirse el costo del pavo y alguien más podría comprar la salsa de arándano o las verduras.

Ayuda granjera
En lugar de hacer viajes misioneros al interior de la ciudad, encuentra una pequeña comunidad rural y trabaja con la iglesia local para hacer proyectos ministeriales con las familias granjeras que apreciarían la ayuda: una familia por día durante una semana.

Preparación del campamento de primavera
Encuentra un campamento de verano o un ministerio sin fines de lucro que necesite ayuda a fin de preparar las cosas para el programa de la temporada. Muchos campamentos permitirán que grupos de jóvenes tengan un fin de semana en sus instalaciones, si están dispuestos a trabajar todo el sábado limpiando. Una limpieza de otoño es una idea igual de buena.

Programar un día de campo o una escuela bíblica de vacaciones
Capacita a algunos de tus jóvenes clave como colaboradores de niños y encuentra una comunidad en donde puedas proveer y programar un día de campo o una Escuela Bíblica de Vacaciones. Trabaja con una familia cristiana local para hospedar a los jóvenes y que les provea coordinación en el lugar.

Llamadas a hospitales
Elabora y entrega tarjetas de recuperación tamaño cartel para los feligreses y conocidos en el hospital. Pasa 10 minutos más o menos con el paciente, pon el cartel en la pared, conversando y orando juntos. Si puedes, entrega un ramo de globos también.

Fuente: Cuaderno del Seminario Nacional de Recursos de Especialidades Juveniles

SECCIÓN ADICIONAL

PREMIOS CREATIVOS PARA ESTUDIANTES

Celebra el compromiso que ves en tu grupo de jóvenes entregándoles estos reconocimientos a los jóvenes que califiquen. Por favor, toma nota de que cada uno de estos reconocimientos puede ser presentado a más de una persona. Podrías tener muchos jóvenes que cumplen con los criterios para algunos de estos honores, y podría ser bueno darle a cada joven un reconocimiento.

Reconocimiento Andrés
- Para el joven que constantemente trae amigos al grupo de jóvenes o que les presenta al Señor. (Juan 1.42)

Reconocimiento Simón Pedro
- Para el joven apasionado que sale con valentía y se arriesga en su camino de fe. (Mateo 14.29)

Reconocimiento Bernabé
- Para el joven que siempre está motivando a otros jóvenes y líderes en su grupo. (Hechos 4.36)

Reconocimiento Timoteo
- Para el joven que es un ejemplo de disciplina espiritual. (1 Timoteo 4.12)

Reconocimiento Aarón
- Para el joven que trabaja fielmente detrás de escena en un papel de apoyo significativo. (Éxodo 4.15)

Reconocimiento Ester
- Para la señorita que muestra valentía. (Ester)

Podrías pensar en otros reconocimientos basados en la Biblia para jóvenes que encarnan los rasgos positivos observados en otros personajes bíblicos. Pero probablemente querrás evitar estos...

Reconocimiento Dalila
- Para la señorita que más probablemente haga que los hombres en su grupo abandonen sus convicciones.

Reconocimiento Enoc
- Para el joven en tu grupo que te gustaría que desapareciera.

Fuente: *Cuaderno del Seminario de Recursos de Especialidades Juveniles*

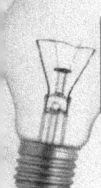

PREMIOS CREATIVOS PARA VOLUNTARIOS ADULTOS

Premio al arte corporal
- Para el voluntario con más tatuajes y perforaciones.

Premio demasiado viejo para renunciar ahora
- Para el voluntario más viejo en tu equipo.

Premio trata de no ver mi edad
- Para el voluntario que se ve más joven de lo que es (haz que el grupo vote si hay muchos candidatos).

Premio sala de urgencias
- Para el voluntario que recientemente tuvo que llamar a una ambulancia a un evento o llevar a un joven a la sala de urgencias.

Premio asistencia en carretera
- Para el voluntario que conduce el bus o la camioneta de remolque de la iglesia.

Premio todavía aguantando
- Para el voluntario que ha estado en el grupo por más tiempo.

Premio Enron gestión financiera
- Para el voluntario que perdió la mayor cantidad de dinero en un evento para recaudar fondos.

O estas otras ideas:

Premio gran problema
- Para el voluntario que ha hecho algo muy tonto.

Premio metida de pata
- Para el voluntario que haya dicho algo que provocó un gran problema.

Premio más de lo esperado
- Para el voluntario que invierte más horas que todos los demás juntos.

SECCIÓN ADICIONAL

Premio madrugador
• Para el voluntario que siempre llega a tiempo, y usualmente temprano.

Premio no cabecear
• Para el voluntario que siempre es el más enérgico en una encerrada o el trasnochador.

Premio mejor papel de apoyo
• Para un esposo fiel que no está involucrado en la primera línea del ministerio, pero hace que sea fácil que su pareja participe.

IDEA CREATIVA DE ORACIÓN

La oración diamante

Una palabra: Una situación que has enfrentado que parecía imposible

_____

Dos palabras: Adjetivos que describen la situación

_____   _____

Tres palabras: Acerca de ti o de una acción que tomaste

_____   _____   _____

Cuatro palabras: Acerca de lo que quieres que suceda

_____   _____   _____   _____

DIOS DERRAMA SU ESPÍRITU

Cuatro palabras: Acerca de Dios, o una acción que marcó un punto de inflexión para mejor

_____   _____   _____   _____

Tres palabras: Acerca de ti o de una acción que tomaste

_____   _____   _____

Dos palabras: Adjetivos que describen la situación o cómo te sientes con la situación

_____   _____

Una palabra: Lo opuesto a la palabra que usaste al principio

_____

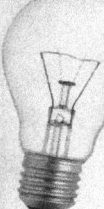

SECCIÓN ADICIONAL

Ejemplo: Esto fue escrito por una mujer que peleó con la infertilidad por años:

INFERTILIDAD

TRISTEZA – DESESPERANZA

LLORÉ – ORÉ – ESPERÉ

BEBÉ – AMOR – BRAZOS LLENOS – VIDA LLENA

DIOS DERRAMA SU ESPÍRITU

ADOPCIÓN - #1 - #2 - #3

NATHAN – LAURA – WILL

LLENA DE ALEGRÍA – COMPLETA

MAMI

Fuente: *Cuaderno del Seminario CORE de Especialidades Juveniles, 2004*

FORMAS CREATIVAS DE AYUDAR A LOS JÓVENES A CONECTARSE

Aprende sus nombres.
• Toma fotografías individuales de los jóvenes de tu grupo, monta cada imagen en un pedazo de cartulina y escribe el nombre del joven debajo de su fotografía. Pon las tarjetas en tu salón. Cuando los jóvenes traigan amigos, haz lo mismo con estos invitados. Esto te ayudará a ti y a los jóvenes a recordar nombres.

Reconoce los cumpleaños.
• Envía a los jóvenes tarjetas de cumpleaños divertidas y motivadoras. No tienes que gastar mucho dinero en tarjetas de cumpleaños; envía felicitaciones de cumpleaños en algo inusual, como en una bolsa para vómito de avión, o usa la Internet para enviar una tarjeta en línea. Haz que el grupo de jóvenes cante una canción apropiada para los jóvenes nacidos en ese mes. Llama por teléfono a los jóvenes en su cumpleaños o antes.

Escucha sus historias.
• Una o dos veces al mes permite a un joven que explique en un minuto cómo conoció a Cristo. O puedes hacer un segmento de entrevistas durante la reunión de jóvenes, en donde entrevistes a un joven que escojas al azar y le pidas que te cuente de su semana o de la mejor cosa que le ha sucedido recientemente. Podrías incluso grabar a los jóvenes en grupos de dos o tres, contando sus momentos más vergonzosos o recuerdos más graciosos que han tenido juntos.

Pídeles sus opiniones.
• Realiza encuestas periódicas para obtener retroalimentación de los jóvenes e información del liderazgo adulto acerca de posibles actividades, temas de estudio, y otros cambios que podrían hacerse. Las encuestas pueden hacerse informalmente, a través de conversaciones casuales aunque intencionales, o a través de métodos más formales, como elaborar encuestas. Por ejemplo, entrégale a cada joven un pedazo de papel en blanco y pídeles que escriban cuatro temas que les gustaría ver en el grupo de estudio, tres actividades que les gustaría que el grupo realizara, dos formas de hacer mejor el grupo de jóvenes y una forma en la que podrían ser mejor usados o involucrados en el ministerio.

Ayúdalos a ser expertos en algo.
• Si estás ayudando a los estudiantes a refinar sus intereses existentes o inspirándolos a intentar algo que haces bien, ayudar a los jóvenes a desarrollar habilidades especiales es una gran forma de conectarte con ellos. Incluso algo tan simple como lanzar pases a un jugador en ciernes de fútbol o batear bolas bajas

SECCIÓN ADICIONAL

al campo corto ofrece una conexión instantánea. Piensa en algún área de conocimiento que puedas tener: diseñador de Web, música, fotografía, deportes, cocina, arte, diseño de interiores, esquiar, etc., y busca formas de pasarles tus habilidades.

Llamada despertadora
• Mantén la cámara de vídeo encendida y grabando mientras entras a hurtadillas en la habitación de uno de los jóvenes temprano alguna mañana, con la cooperación de los padres, por supuesto. Utiliza como alarma el sonido de los instrumentos de metales de la banda, una sirena, un soplador de hojas, o un balde de agua y graba la diversión en una cinta de vídeo.

Mira quién vino a cenar
• Invita a jóvenes a cenar. Deja que los jóvenes se inscriban a fiestas de cena en grupos de tres o cuatro. Esto les permite venir con algunos amigos que ya conocen, y los hace sentir más relajados alrededor de tu mesa. Escribe los nombres de cada grupo en un sombrero, y saca un nombre cada mes. El grupo ganador consigue algo de comer en tu casa. Esto te salva de pensar quién se siente bien con quién, y también les permite a los jóvenes hacer el trabajo de organizar un grupo. Todo lo que tienes que hacer es darles una fecha y estás listo.

Establece compañeros intergeneracionales de oración
• Esta es una gran forma de hacer que los miembros más antiguos de la iglesia se involucren en tu ministerio juvenil. Algunos adultos podrían no querer pasar tiempo con los adolescentes, pero podrían estar dispuestos a orar por ellos. Proporciona fotografías de los jóvenes, junto con algunos hechos pertinentes. Incluye algunas peticiones específicas de oración de los jóvenes.

Asiste a sus eventos
• Esto no está reservado para los grandes partidos de fútbol. ¿Qué tal un recital de oboe o una competencia de ajedrez? Esta también es una buena forma de conocer a sus compañeros. Envíales una nota pequeña de motivación después del evento.

Envíales correos electrónicos o tarjetas por la Internet
• Los jóvenes aman recibir correos, y es muy fácil con la Internet. Les puedes enviar una nota rápida de motivación o una tarjeta divertida solo para decir «Hola».

Fuente: *Cuaderno del Seminario de Recursos de Especialidades Juveniles*

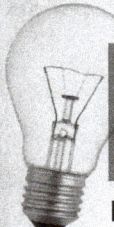

LECCIONES CREATIVAS CON OBJETOS
POR HELEN MUSICK Y DUFFY ROBBINS

Les he dado el marco para la lección con los objetos, la Escritura y el tema:

Alka-Seltzer y 7UP
   Efesios 4.26-27, 31-32
   Humo en el corazón y espuma en la boca

Curitas
   Salmo 32.5; 1 Juan 1.9
   Limpiando, cerrando, y confesando

Queso Roquefort (y otras sustancias con olor intenso y distintivo, como desodorante, colonia o perfume, velas aromáticas, comida descompuesta, etc.)
   2 Corintios 2.14-15
   Tu nariz sabe

Bastones, muletas, andadores
   Salmo 37.23-24; 1 Pedro 5.6-7
   Apóyate en Dios

Ataúd
   Lucas 12.16-26; Mateo 6.19-21
   Estudia para el final

Libro de colorear
   Números 14; Romanos 12.1-2
   Pintando fuera de las líneas

Fotografías de pies
   Salmo 40.1-2; Salmo 56.13; Isaías 52.7
   Hermosos pies

Guante
   Juan 15.5-6; Gálatas 2.20
   Dejando que Dios nos dé una mano

SECCIÓN ADICIONAL

Llaves (muchas clases, y un candado que una de las llaves abre)
Juan 14.6; Hechos 4.12
Una llave

Piedras grandes (en una bolsa resistente)
Hebreos 12.1-3; Filipenses 3.12-14
¿Qué te agobia?

Espejo (de mano)
Santiago 1.22-25
Reflexionando en la reflexión

Trampa de ratones (y queso)
1 Corintios 10.13; Santiago 1.13-19
Trampas

Piñata (y dulces)
Romanos 8.18-38; 2 Corintios 4.7-12
Las sorpresas del quebrantamiento

Palitos de helado
Santiago 3.3-5
Decir «Ahhhh»

Zapatos (de todos los estilos, tallas, y colores)
Miqueas 6.8, Colosenses 2.6-7
Si el zapato encaja

Agua (de preferencia un lago, pero también sirve una piscina, un bautisterio, una tina, etc.)
Éxodo 20.5-6; Gálatas 5.7-9
Onda expansiva

Fuente: Everyday Object Lessons for Youth Groups por Helen Musick y Duffy Robbins

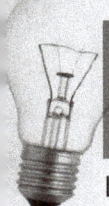

UBICACIONES CREATIVAS PARA EL PROGRAMA DE REUNIONES DE JÓVENES POR RICK BUNDSHUH

Les he dado el marco para la lección con la ubicación, la Escritura y el tema:

Cárcel
Hechos 16.16-36
Acercarse a la experiencia de Pablo y Silas en la cárcel.

Vertedero
Mateo 6.19-24
Invierte tu energía en cosas que duran para siempre en lugar de en cosas que se desmoronan y se pudren.

Pozo de ladrillos
Génesis 37
Identificación gráfica con la experiencia del joven José.

Torre
Lucas 4.1-13; 1 Corintios 10.11-13
Tener una mejor idea de la tentación de Cristo.

Barco
Mateo 14:22-32
Confía plenamente en Cristo sin importar las circunstancias.

Pista de atletismo
Hebreos 12.1-3; 1 Corintios 9.24-27
Corriendo la carrera de la vida por Cristo.

Azotea
Marcos 2.1-12
Ningún obstáculo es demasiado grande para traer a tus amigos a Jesús.

Jardín
Mateo 26.36-46
Dios sufrió en nuestro lugar.

SECCIÓN ADICIONAL

Cementerio
Salmo 103.14-16; Isaías 25.3; Lucas 20.34-38; 1 Tesalonicenses 4.13
La realidad de la muerte y la promesa de la vida eterna.

Árbol
Lucas 19.1-10
Jesús viene a nosotros cuando aún somos pecadores.

Corte
Malaquías 3.5; Hechos 17.31; Romanos 2.2-16; 2 Pedro 2.9
Dios es un Dios justo.

Faro
Mateo 5.14-16
Los cristianos debemos dejar que otros vean a Cristo a través de sus acciones y palabras.

Bóveda de banco
Marcos 10.17-27
Debemos invertir nuestro tesoro en cosas permanentes.

Viñedo
Juan 15.1-17
Debemos permanecer en Cristo para que nuestras vidas den fruto.

Asilo
Job 12.12; Proverbios 16.31; Salmo 92.12-15
Las personas mayores valen la pena, tienen gran valor y sabiduría.

Guardería
Marcos 10.15; Mateo 18.2-6
Tenemos que tener fe como la de un niño.

Playa
Juan 21
Representa el desayuno de Cristo en la playa.

Fuente: Rick Bundschuh, On site: 40 On-Location Youth Programs

IDEAS CREATIVAS PARA LA RECAUDACIÓN DE FONDOS EN EL GRUPO DE JÓVENES POR DAVID Y KATHY LYNN

Todo lo que no puedes comer – Cena de recaudación de fondos

Puedes patrocinar una cena de éxito para hacer dinero sin comer nada. ¡Es cierto! Pídele a las personas que contribuyan con una cantidad fija para la cena, pero diles que no se molesten en asistir. Como no hay cena y los donantes lo saben, te liberas de la molestia de la organización y de armar, pero tienes una cena o banquete de éxito. El único trabajo que hay que hacer es vender boletos, lo que habrías tenido que hacer de todos modos si en realidad organizabas la cena.

Puedes financiar un retiro completo, por ejemplo, si cada persona que quiere asistir vende las entradas suficientes para pagar el suyo. Por ejemplo, si tu retiro de invierno costará $75 por persona, y las entradas para tu evento se venden por $5, cada participante del retiro puede pagar el suyo vendiendo 15 entradas.

Puedes crear un recuerdo, una cinta del evento, mediante el uso de papel más grueso y la máquina de fotocopias de la organización o la iglesia. Todo el mundo que compra un billete se pone una cinta. Las cintas ayudan a la gente a recordar la cena donde no se puede comer, y por qué participaron.

Lavado de carros gratis

Establecer un lavado de carros patrocinado por la juventud en un centro comercial local o estación de servicio como se haría normalmente. Sin embargo, en lugar de cobrar por las entradas para el lavado, repártelas. La publicidad dirá algo como: «Lavado de carro gratis». Deja claro que no hay condiciones. Cualquier persona puede tener su coche lavado gratis por la juventud de su iglesia como un gesto de amor cristiano y de amistad. Aquellos que quieran hacer una contribución pueden dar cualquier cantidad que deseen. Pon un letrero en el lavado de carros similar a este:

Su carro está siendo lavado por la juventud de la Primera Iglesia. Este es un servicio gratis sin ninguna condición. Es una pequeña forma de demostrarte el amor en Cristo Jesús.

Otra manera en que estamos tratando de compartir el amor de Cristo es la recolecta de fondos para ayudar a comprar comida para la gente necesitada. Si a usted le gustaría ayudarnos con este proyecto, su contribución será muy apreciada.
Imprime esta información en tus entradas también. Un grupo de jóvenes hizo esto

SECCIÓN ADICIONAL

dos veces y reunió un total de $800. Escoge un buen día y una buena ubicación (llena), asegúrate de contar con suficientes personas trabajadoras y amigables, y la experiencia puede ser gratificante.

Secuestrar al pastor

Haz que el grupo «secuestre» al pastor y/o a una persona conocida en la iglesia (obviamente, acordado con anticipación), y pide una cantidad de dinero por el rescate, que se utilizará para un proyecto juvenil. Esto funciona mejor si se hace un domingo. Los jóvenes llaman por teléfono a los miembros de la congregación informándoles sobre el secuestro y la cantidad del rescate que se requiere. Los miembros de la iglesia pueden destinar un monto en dólares que debe darse el domingo en la mañana. Si no se paga la recompensa, los jóvenes deben prepararse para sacar adelante el servicio o las responsabilidades de las personas secuestradas. Tu grupo tendrá un momento de creatividad loca con esta actividad.

Maratón de promesas

Las maratones de promesas son recaudadores de fondos muy populares. Su popularidad hace sencillo el inscribir a patrocinadores que prometen por cada milla, hora, evento, u otra medida. Puedes producir miles de dólares con un evento bien organizado. Las personas generalmente están más dispuestas a prometer cuando saben cuál será el compromiso total. Haz que los miembros de tu grupo estimen el total de promesas cuando inscriban a sus patrocinadores. Aquí hay algunos ejemplos específicos...

- **Maratón del césped.** Esta es una forma única de recaudar fondos para tu grupo. Reúne a tantos jóvenes como puedas y provéeles de cortadoras de césped y formas de transportarlas. Haz publicidad con volantes y pósters, que digan que cierto sábado tu grupo cortará su césped gratis. Inscribe a tantas personas como puedas para que les corten el césped. Haz que los patrocinadores prometan cierta cantidad por cada césped que es cortado.

- **Maratón de la memoria.** Esta idea de recaudar fondos tiene beneficios espirituales para tu grupo así como beneficios económicos. Haz una maratón de memorizar versículos bíblicos en donde puedas tener promesas por cada versículo bíblico que aprendan. Es una competencia que muchas personas estarán dispuestas a apoyar.

- **Maratón de mecidas.** Una maratón de 24 horas que involucra a todos en el grupo y sirve como un gran recaudador de fondos. Cada participante inscribe a un patrocinador que promete cierta cantidad por cada hora que el participante

se mece en una silla mecedora. Estas son la reglas:
1. Cada uno trae su propia mecedora.
2. Cada participante debe mecerse por lo menos cuatro horas consecutivas.
3. Los descansos son permitidos solo para ir al baño.
4. La silla debe estarse moviendo todo el tiempo.

• **Maratón de trabajo.** La idea es asignar trabajos para los jóvenes en las casas de los ancianos. Los trabajos pueden incluir pintar, jardinería, cuidar la casa, ir de compras u otro servicio que los jóvenes puedan realizar. La prioridad más grande deben ser las personas de la iglesia o de la comunidad que no pueden pagar por esos servicios. Los jóvenes luego consiguen donantes que patrocinen su trabajo. En el día indicado, los jóvenes trabajan ocho horas en diferentes hogares, gratis, sin cargar nada a las personas que sirven.

SECCIÓN ADICIONAL

OTRO ENFOQUE CREATIVO DE LA RECAUDACIÓN DE FONDOS
POR MIKE YACONELLI

Cada año nuestro grupo de jóvenes viajaba con algunos otros grupos a México para construir casas a los pobres. Uno de los grupos de jóvenes con el que viajábamos era de Beverly Hills, un lugar en donde vivir es muy caro. Como parte de su recaudación de fondos anual para pagar por la casa, el grupo de jóvenes de Beverly Hills patrocinaba una subasta. Como estaba ubicada en Beverly Hills, esta no era una subasta común. Se les pedía a las personas donar objetos caros y lo hacían. Un año la meta de la recaudación de fondos del grupo de jóvenes de Beverly Hills fue $22,000. Un joven estaba determinado a recaudar la mayor cantidad de dinero en la subasta. Él era brillante, directo, un poco *nerd*, y no le intimidaban los adultos. Lo llamaremos Henry.

Henry entró al banco más exclusivo de Beverly Hills y preguntó por el presidente. Después de darle la más fría de las miradas, la recepcionista envió a Henry con la secretaria del presidente del banco. Sin turbarse, le preguntó: «¿Puedo hablar con el presidente por unos minutos?».

Apenas reconociendo su presencia, la secretaria dijo: «Está ocupado, muy ocupado».

«Está bien», dijo Henry. «Tengo el resto del día. Esperaré». Esperó un par de horas antes que la secretaria viniera a ver a Henry con una rabieta: «Ha dicho que tiene dos minutos, pero está muy ocupado».

Cuando Henry entró en la oficina intimidante y enorme, el presidente miró al joven de pies a cabeza y dijo con una voz un poco irritada: «¿Qué puedo hacer por usted?».

«Bien, soy de la secundaria de Hollywood, y yo...».

El presidente lo interrumpió: «¿De la secundaria de Hollywood? Yo me gradué ahí. ¿Todavía está la señorita Granville dando clases?».

«Ah, sí todavía».

«¿Qué te parece? Bueno, ¿qué puedo hacer por ti, hijo? Me imagino que están recaudando dinero para algo. ¿Servirán $100?»

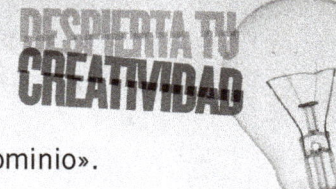

«En realidad me preguntaba si el banco es dueño de algún condominio».

Desconcertado, el presidente respondió con cautela: «Sí, lo somos».

«Me pregunto si estarían dispuestos a darnos una semana en su condominio para una subasta con el fin de recaudar dinero para construir casa para los pobres de México».

El presidente del banco estaba tan impresionado que dijo que sí, y revisó qué semana estaría disponible el condominio.

Al salir el joven, el presidente del banco dijo: «A propósito, ¿aceptas efectivo?».

«Claro», dijo Henry con seguridad. El presidente se sentó, escribió un cheque y se lo dio a Henry. Era por $3,000.

La mayoría de los jóvenes se habría impresionado y habría vuelto corriendo a la iglesia para celebrar la buena nueva. Henry no. Él estaba en una misión. Caminando por la calle hasta el próximo banco que pudo encontrar, entró y preguntó por el presidente. Cuando el presidente finalmente se reunió con él, Henry dijo: «Estamos recaudando dinero para construir casas para los pobres en México. El banco que está por la otra calle nos dio $3,000, ¿qué va a hacer usted?». Salió del banco con un cheque por $1,000.

En una tarde, Henry recaudó $4,000 en efectivo y una semana en un condominio que fue subastada por $2,000. Henry fue creativo. Su ingenuidad y valentía habían tomado por sorpresa a los presidentes de los bancos y respondieron. Henry no recaudó fondos de la forma en la que siempre se había hecho, y como resultado, seis familias en México ahora tienen sus propios hogares.

Fuente: Mike Yaconelli, Cuaderno del Seminario Nacional de Recursos de Especialidades Juveniles

BIBLIOGRAFÍA

Aamondt, Sandra y Sam Wong, *Welcome to Your Brain*, Bloomsbury, New York, 2008.

Barker, Joel Arthur, *Future Edge*, William Morrow, Scranton, PA, 1992.

Bennis, Warren y Patricia Ward Biederman. *Organizing Genius: The Secrets of Creative Collaboration*, Addison-Wesley, Reading, Massachusetts, 1997.

Block, J. Richard y Harold Yuker. *Can You Believe Your Eyes?*, Gardner Press, New York, 1989.

Brandreth, Gyles. *Optical Illusions*, Sterling, New York, 2003.

Bundschuh, Rick, *On Site: 40 On-Location Youth Programs*, Zondervan, Grand Rapids, 1989.

Christie, Les. *Best-Ever Games for Youth Ministry*, Group, Loveland, CO, 2005.

De Bono, Edward. *El pensamiento creativo: El poder del pensamiento lateral para la creación de nuevas ideas*, Paidós, Barcelona, 1994.

Hall, Doug y David Wrecker. *Jump Start Your Brain*, Warner Books, New York, 1995.

Johansson, Frans, *The Medici Effect: What Elephants and Epidemics Can Teach Us about Innovation*, Harvard Business School Press, Boston, 2006.

LeFever, Marlene D. *Métodos creativos de enseñanza: Cómo ser un maestro eficiente*, Editorial Patmos, Miami, Florida, 2004.

Leonard, Dorothy A. y Walter C. Swap, *Cuando se enciende la chispa: Cómo iniciar la creatividad de grupo*, Oxford, México, 2001.

Losey, John, *Experiential Youth Ministry Handbook + Volume II: Using Intentional Activity to Grow the Whole Person*, Zondervan, Grand Rapids, 2007.

Lynn, David y Kathy, *Great Fund Raising Ideas for Youth Groups*, Zondervan, Grand Rapids, 1993.

MacKenzie, Gordon, *Orbiting the Giant Hairball: A Corporate Fool's Guide to Surviving with Grace*, Viking Penguin, New York, 1998.

McNabb, Bill y Steven Mabry, *Teaching the Bible Creatively*, Zondervan, Grand Rapids, 1990.

Medina, John, *Exprime tus neuronas: 12 reglas básicas para ejercitar la mente*, Gestión, Barcelona, 2000 – 2001.

Michalko, Michael, *Los secretos de los genios de la creatividad*, Gestión, Barcelona, 2000.

Michalko, Michael, *Thinkertoys: Cómo desarrollar la creatividad en la empresa*, Gestión, Barcelona, 2000 - 1999.

Musick, Helen y Duffy Robbins, *Everyday Object Lessons for Youth Groups*, Zondervan, Grand Rapids, 1999.

Pink, Daniel H, *Una nueva mente: una fórmula infalible para triunfar en el mundo que se avecina*, Ilustrae.com, Madrid, 2008.

Putzier, John, *Get Weird! 101 Innovative Ways to Make Your Company a Great Place to Work*, AMACOM American Management Association, New York, 2001.

Rowe, Alan J., *Creative Intelligence: Discovering the Innovative Potential in Ourselves and Others*, Pearson Education, Inc., Upper Saddle River, NJ, 2004.

Ruggiero, Vincent Ryan, *Becoming a Critical Thinker, 6th ed.*, Houghton Miffl, Boston, 2009.

Sarcone, Gianni y Marie-Jo Waeber, *Eye Tricks: Visual Deceptions and Brain Teasers*, Carlton Books, London, 2007.

Schramm, Dr. Derek D., Ph.D., *The Creative Brain, Institute for Natural Resources*, Health Update, Home-Study #2290, Diciembre 2007.

Schultz, Thom y Joani, *Por qué nadie aprende mucho de nada en la iglesia y cómo remediarlo*, Editorial Acción, Loveland, CO, 1996.

Von Oech, Roger, *Chispazos*, Selector, México D.F., 1991.

Von Oech, Roger, *Una patada en el trasero*, Los Libros del Comienzo, Madrid, 1992.

Walford, Rosie con Paula Benson y Paul West, *Shelf Life*, Bloomsbury Publishing, New York, 2004.

White, Jeff, *Holy Wow: Boost Your Youth Ministry Creativity*, Group, Loveland, CO, 2004.

Yaconelli, Mike, *Los fundamentos del ministerio juvenil sano*, Vida Publishers, Florida, 2007.

CRÉDITOS

Secciones tomadas de Doug Hall, *Jump Start Your Brain*, impreso con permiso de Eureka! Ranch Technology, 1995.

Secciones tomadas de Gordon Ray MacKenzie, *Orbiting the Giant Hairball* (usado con permiso de Viking Penguin, una división de Penguin Group (USA) Inc., derechos reservados © 1996).

Secciones tomadas de Edward de Bono, *El pensamiento creativo: El poder del pensamiento lateral para la creación de nuevas ideas* (impreso con permiso de Paidós).

Secciones tomadas de Michael Michalko, *Thinkertoys*. (Derechos reservados 2006 por Michael Michalko, Ten Speed Press, Berkeley, CA. www.tenspeed.com. Impreso con permiso.)

Secciones tomadas de Michael Michalko, *Los secretos de los genios de la creatividad*. (Derechos reservados 2001 por Michael Michalko, Ten Speed Press, Berkeley, CA., www.tenspeed.com. Impreso con permiso.)

Secciones tomadas de *Exprime tus neuronas: 12 reglas básicas para ejercitar la mente*, por John Medina, impreso con permiso de Gestión.

Gráficos de *Métodos creativos de enseñanza: Cómo ser un maestro eficiente* por Marlene D. LeFever, impreso con permiso de Editorial Patmos.

Secciones tomadas de Mary R. Schramm, *Gifts of Grace*. Impreso con permiso de Augsburg Publishing.

Secciones tomadas de Jeff White, *Holy Wow* (Group Publishing, 2004), impreso con el permiso del autor.

Secciones tomadas de *The Medici Effect* por Frans Johansson, impreso con permiso de Harvard Business School Press, Boston, MA, 2006.

Secciones de Warren Bennis, *Organizing Genius*, impreso con permiso de Basic Books, un miembro de Perseus Books Group, 1997.

Secciones tomadas de *Chispazos* por Roger von Oech, impreso con permiso de Selector.

Secciones tomadas de Creative *Intelligence: Discovering the Innovative Potential in Ourselves and Others*, de Alan J. Rowe, 1st ed., 2004. Impreso con permiso de Pearson Education, Inc. Upper Saddle River, NJ.

Secciones tomadas de *Cuando se enciende la chispa: Cómo iniciar la creatividad de grupo*, de Dorothy Leonard y Walter Swap. Impreso con permiso de Oxford, 2001.

Secciones tomadas de *Welcome to Your Brain*, Sandra Aamondt y Sam Wang, impreso con permiso de Bloomsbury Publishing, 2008.

Secciones tomadas de *The Core Realities of Youth Ministry* por Mike Yaconelli, *Great Fund Raising Ideas for Youth Groups* de David y Kathy Lynn, y *On Site: 40 On-Location Youth Programs* de Rick Bundschuh, todos impresos con permiso de Zondervan.

Otros libros de Les Christie
Cómo trabajar con jóvenes apáticos: Sobreviviendo a los insoportables

si trabajas con jóvenes nuestro deseo es ayudarte

UN MONTÓN DE RECURSOS PARA TU MINISTERIO JUVENIL

Visítanos en
www.especialidadesjuveniles.com

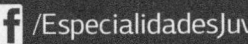 /EspecialidadesJuveniles   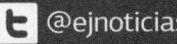 @ejnoticias

Nos agradaría recibir noticias suyas.
Por favor, envíe sus comentarios
sobre este libro a la dirección
que aparece a continuación.
Muchas gracias.

vida@zondervan.com
www.editorialvida.com

www.ingramcontent.com/pod-product-compliance
Lightning Source LLC
Chambersburg PA
CBHW080439110426
42743CB00016B/3214